中華傳統文化圖典《漫畫論語》

Copyright © 2016 by 周春才
Korean Translation Copyright © 2021 by Gagyanal Publishers.
This translation is published by arrangement with Beijing Times Chinese Press Co., Ltd.
through SilkRoad Agency, Seoul, Korea. All rights reserved.

이 책의 한국어판 저작권은 실크로드 에이전시를 통해 Beijing Times Chinese Press와
독점 계약한 가갸날 출판사에 있습니다. 저작권법에 의해 한국 내에서 보호를 받는
저작물이므로 무단 전재와 복제를 금합니다.

만화 논어

저우춘차이 글·그림
김해경 옮김

가갸날

교양인을 위한 필독서

　《논어》는 공자의 말과 행동을 기록한 책이다. 공자 제자들의 말도 일부 들어 있다. 공자가 세상을 떠난 후 공자 문하의 제자들은 무덤 옆에 초막을 짓고 3년 동안 시묘侍墓하면서, 스승의 가르침과 언행을 회상해 정리하였다. 하지만 《논어》가 완전한 체계를 갖추기까지는 그 후로도 상당한 시일이 걸렸다. 공자의 사후 수십 년 뒤 혹은 2백 년 뒤에야 완성되었다고도 하는데, 아직까지 정설은 없다. 자료에 의하면 전한시대에 세 종류의 《논어》 판본이 있었고, 전한 말기에 하나로 통합되었다고 한다. 이들은 모두 사라져버렸으며, 오늘에 전하는 것은 후한 말의 학자 정현鄭玄이 해설을 붙인 것이다.

　공자가 세상을 떠난 뒤 그의 제자들은 관리가 되거나 교육자가 되어 스승의 사상을 전파했다. 유가는 하나의 학파가 되고, 그 후 발전을 계속했다. 그 결과 유교는 동양 전통문화의 근간으로 자라나게 되었다. 《논어》는 한나라 문제 때 이미 학교에서 교재로 사용되고, 삼국시대에는 경전의 반열에 올랐다. 송대의 주자학자들은 《논어》를 중시해 《대학》, 《중용》, 《맹자》와 함께 '사서'四書로 칭했다. 《논어》는 학문의 길에 들어서는 초학자의 필독서가 되고, 유교와 더불어 인류문명에 큰 영향을 끼쳤다. 《논어》는 3세기경에 한국과 일본에 전래되고, 16세기에는 유럽에도 전해졌다. 불교, 기독교, 이슬람교와 함께 유교는 인류문명의 발전에 큰 영향을 준 4대사상의 하나다.

《논어》의 사상은 사람의 품성을 말하는 것이 핵심이다. 천하의 질서가 붕괴된 춘추시대 말기에 공자는 덕德으로 다스리는 정치를 제창했다. 도덕교화를 나라를 다스리는 기초로 삼음으로써, 도덕에 의해 사회 질서를 안정시키자는 것이었다. 공자는 다음과 같이 말했다.

"법치와 형벌에 기대어 나라를 다스리면 무서워서 나쁜 짓을 저지르지 않을지는 몰라도, 염치廉恥를 모르고 살게 된다. 그러나 덕으로 인도하고 예로 다스리면, 부끄러움을 자각해 스스로 잘못을 바로잡게 된다."

공자가 세운 도덕사상의 중심은 '인'仁이다. 우리는 이것을 '인학'仁學이라고 부른다. 인학에는 사람됨의 원칙, 도리, 요구가 하나로 포괄되어 있다. 도덕은 교육에 의해 보급되고 향상되기 때문에, 공자는 온 생애에 걸쳐 교육에 힘을 쏟았다. 어떤 사람이 공자에게 '왜 정치를 하지 않느냐'고 묻자, 공자는 말했다.

"교육을 통해 현실정치에 종사하는 사람들에게 영향을 주는 것이 정치다. 따라서 지금 이미 정치에 관여하고 있는 것이다. 어찌 꼭 벼슬을 해야 정치를 한다고 하겠는가?"

공자는 교육이 국가를 다스리는 중요한 수단이고, 국가의 본질적인 역할이라고 생각했다. 그의 교육사상은 정치사상 및 도덕사상과 밀접히 관련되어 있다. 공자가 중시하는 사람됨의 도리란 난해한 이론이 아니다. 하나같이 일상생활 중의 경험을 일반화한 것으로, 누구라도 실천할 수 있는 내용이다. 공자는 2천 5백 년 이전 사람이지만, 그의 사상은 시대를 뛰어넘는 보편성을 지니고 있다.

《논어》에는 현재에 이르기까지 중요한 의의가 살아 있는 수많은 명언이 담겨 있다. '이익이 되는 일이 있어도 도의를 먼저 생각한다' '옳은 일은 사양하지 않는다' '자신의 몸을 희생해 인仁을 이룬다' '세 사람이 길을 가노라면 그 중에는 반드시 나의 스승이 있다' '옛일을 살펴 새로운 지식을 얻는다' '아랫사람에게 묻기를 부끄러워하지 않는다' '하나를 들으면 열을 안다' '사람을 판단할 때는 말뿐 아니라 행동도 함께 살펴야 한다' 같은 말은 오늘날에도 널리 사용되는 표현들이다.

공자가 중시한 도덕과 도덕교육 사상은 현대사회에서도 의연히 영향력을 행사하고 있다. '능력보다 인간성'이 살면서 지켜야 할 중요한 원칙이라고 생각하는 사람이 날로 늘어간다. 덕치주의는 국가운영의 핵심 요소가 되어 있다. 《논어》는 공자의 유가사상과 동양 전통문화를 이해하는 기본서적이고, 사람됨의 품성을 배우는 입문서이자 필독서이다.

오랜 기간에 걸쳐 저우춘차이 선생은 철학, 과학, 문화 분야의 고전을 연구하고 보급하는 일에 온 힘을 다하고 있다. 그가 발표한 저작들은 국내외에서 크게 환영받고 있다. 기쁜 마음 그지없다.

   이 책은 《논어》의 핵심 뼈대를 새롭게 구성한 것이다. 만화라는 생동감있고 친근한 형식으로 《논어》의 내용을 표현하는 일은 쉬운 일이 아니다. 하지만 힘든 작업이야말로 그 노력이 한층 빛나기 마련이다. 덕치주의에 공감하는 사람이 날로 늘고 있기 때문에, 이 책이 도덕심 향상에 크게 기여할 것으로 믿는다. 동시에 광범위한 독자, 특히 청소년 독자들이 《논어》를 이해하는 데 든든한 길잡이 역할을 해줄 것으로 확신한다.

첸쉰(칭화대학교 사상문화연구소 소장·교수)

차례

공자의 가르침

교양인을 위한 필독서	4
논어는 무엇인가	12
공자는 누구인가	20
덕으로 나라를 다스리다	25
군자와 소인	27
공자의 천명관 天命觀	30

논어

제1편 학이學而	37
제2편 위정爲政	52
제3편 팔일八佾	71
제4편 이인里仁	89
제5편 공야장公冶長	102
제6편 옹야雍也	123
제7편 술이述而	140
제8편 태백泰伯	156
제9편 자한子罕	163
제10편 향당鄕黨	180
제11편 선진先進	183
제12편 안연顏淵	197
제13편 자로子路	216
제14편 헌문憲問	241
제15편 위령공衛靈公	259
제16편 계씨季氏	279
제17편 양화陽貨	285
제18편 미자微子	295
제19편 자장子張	306
후기: 논어論語와 윤어輪語	312
옮긴이의 말	316

공자의 가르침

논어는 무엇인가

《논어》는 공자와 그 제자들의 말과 행동을 기록한 책으로, 다음 시대의 역사에 큰 영향을 끼친 고전이다. 공자의 제자들에 의해 편찬되었으며, 춘추시대春秋時代 말기부터 전국시대戰國時代 초기에 걸쳐 성립되었다.

공자는 제자들과의 관계가 몹시 도타웠다. 많은 제자들과 생사고락을 함께하였다. 제자들을 모아놓고 학문을 강론하고, 때로는 서로 논쟁을 하거나 농담을 주고받기도 하였다.

《논어》는 '덕치'德治라는 국가경영철학, 세상사람을 '인'仁으로 돌아가게 한다는 도덕적 이상, '예'禮를 바탕으로 국정을 수행한다는 정치적 포부, '과불급'過不及이 없는 중용中庸의 도, 선인先人의 가르침을 전한다는 문화이념을 생동감 있게 담아내고 있다.

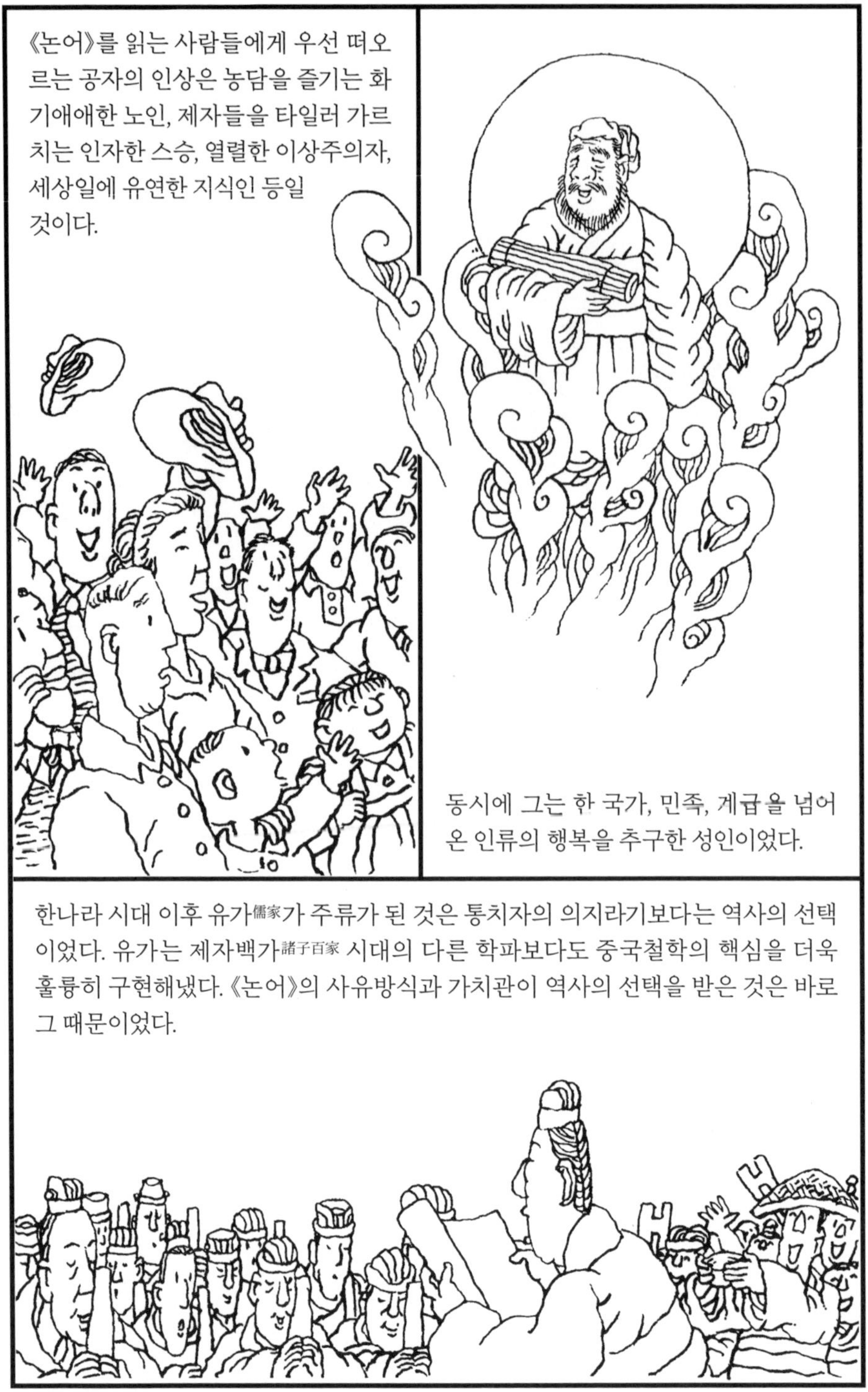

《논어》를 읽는 사람들에게 우선 떠오르는 공자의 인상은 농담을 즐기는 화기애애한 노인, 제자들을 타일러 가르치는 인자한 스승, 열렬한 이상주의자, 세상일에 유연한 지식인 등일 것이다.

동시에 그는 한 국가, 민족, 계급을 넘어 온 인류의 행복을 추구한 성인이었다.

한나라 시대 이후 유가儒家가 주류가 된 것은 통치자의 의지라기보다는 역사의 선택이었다. 유가는 제자백가諸子百家 시대의 다른 학파보다도 중국철학의 핵심을 더욱 훌륭히 구현해냈다. 《논어》의 사유방식과 가치관이 역사의 선택을 받은 것은 바로 그 때문이었다.

여기서 유가학설의 기원을 살펴볼 필요가 있겠다.

'유'儒는 본래 직업의 일종일 뿐 학파는 아니었다.

후한시대 학자 허신許慎의 해석에 의하면 '유'儒는 '유'柔를 의미하며 술사術士들을 가리켰다.

《한서》 예문지는 '유가는 군왕을 보좌하고, 음양陰陽에 순종하며, 교화敎化를 밝히는 자'라고 설명하고 있다.

주나라 왕실이 쇠퇴하며 전란이 자주 발생하자 다양한 자리에 있던 관리들이 관직을 잃게 되었다. 그들은 자신의 가족과 함께 각지를 떠돌며 의례를 수행하는 법을 민중들에게 교화하는 일로 생계를 꾸렸다. 이것이 '유'儒의 전신이다.

초기 유가 가운데는《묵자》에 묘사되었듯이 '부자집에 초상이 나면 생활비를 벌게 되었다고 크게 기뻐'하는 확실히 다른 부류도 있었다. 이들을 가리켜 '소인유'小人儒라고 한다.

유가는 차츰 직업에서 학파로 바뀌었다. 공자는 '예'禮와 '인'仁의 개념을 바탕으로 유가의 사상을 발전시켰다.

'예'禮의 생성시기를 거슬러 오르면 원시사회 말기에 이르게 된다. 씨족의 생활습속이 축적되어 문명 규범을 형성하였는데, 주나라 시대에 이미 완벽한 체계를 갖추게 되었다.

'인'仁은 '예' 속에 포함된, 사람들 사이의 일종의 상호우애 감정이다. 그 기본정신은 남을 배려하고 존중하고 생각하는 마음이다. 정치적으로는 유능한 인재에게 정치를 맡겨 세상을 바로잡고 민중을 구제하는 것이 유가의 궁극적 목표이다.

공자가 학파를 창립한 원칙은 '선인의 말씀을 전할 뿐 새로운 것을 창작하지 않는다' 述而不作였다. 이런 원칙을 완벽히 지키는 일은 불가능하다. 공자는 자신이 세운 원칙을 지키면서도 필요한 경우에는 자신의 설을 가미하였다.

공자는 주공周公이 완성했다고 전하는 훌륭한 문화가 자연질서의 구현과 인류가 바라는 세상의 귀착점이라고 굳게 믿었다.

이로써 고대 전설상의 제왕인 황제黄帝 시대에 탄생한 철학사상이 후대에 이어질 수 있게 되었다.

황제 시대에 만들어졌다고 전하는 '구장산술'九章算術에는 실용적인 계산법만 있을 뿐 이론적인 증명은 없다. 창조적인 응용문제를 통해 실용 위주 철학의 정수를 보여준다.

마찬가지로 후한시대 의서인 《상한잡병론》傷寒雜病論에는 구체적인 처방전은 기술되어 있어도 추상적인 이론은 없다. 가장 오래된 의서 《황제내경》의 음양오행설에 기초한 신체관과 증상을 진단해 치료하는 방법이 들어 있을 뿐이다.

한편 《논어》는 공자와 그 제자들의 일상언행을 통해 추상적이고 난해했던 '인'과 '예' 같은 전래의 보편적인 가치관, 윤리관, 도덕관, 인생관을 알기 쉽게 설명하고 있다. 표현은 평이하지만 유가의 철학사상이 도처에서 빛을 발한다. 《논어》는 이론과 실제가 가장 성공적으로 결합한 책이라고 할 수 있다.

공자는 누구인가

서주西周 말년(약 2700년 전)에 이르러 낡은 사회질서가 무너지며 주나라 천자의 권위는 유명무실해졌다.

패자霸者의 지위를 차지하고 생존을 도모하기 위해, 제후국 사이에 서로를 속고 속이는 음모와 알력, 약탈이 횡행하였다.

그에 따라 사람들의 마음도 크게 흔들리게 되었다.

예법이 무너졌구나!

혼란스러운 기로에서 새로운 질서 형성의 길을 찾기 위해 숱한 사상이 들끓는 춘추전국시대로 접어들었다.

담력과 식견이 있고, 책임감 강하고, 용기 있는 지식인들이 나라의 앞날과 인류의 명운을 건 논쟁에 뛰어들었다. 그 결과 제자백가諸子百家가 탄생하였다.

공자는 기원전 551년에 태어났다. 도량이 넓고 천부적인 지혜를 지닌 그는 사상가의 반열에 올라 그 중심에 우뚝 섰다.

공자는 온 정력을 기울여 역사적 경험을 집대성한 다음 현실세계에서 실천할 수 있는 길을 찾았다.

바른 도리가 행해지면 세상은 모두의 것이 된다네.

공자는 세상이 혼란스러운 것은 사람들이 함부로 행동하고, 자애심을 잃고, 예악禮樂제도가 무너졌기 때문이라고 생각했다.

그래서 사람은 본래 의의에 걸맞는 사람다운 삶을 살아야 하고, 세상이 모두의 것이므로 이기적인 행동을 해서는 안된다는 주장을 폈다. 아무리 강한 사람이라도 힘으로 다른 사람을 굴복시킬 수는 없으며, 주변 사람을 기쁘게 하면 먼 곳에서도 사람이 찾아온다는 것이다. 공자는 오직 '덕'德만이 사람을 복종시킬 수 있다고 보았다.

사회가 안정되고, 인민이 행복하며, 갈등과 고통이 해소되려면 만사만물의 법칙을 먼저 바로세워야 한다.

천지자연의 도리는 변하지 않는다

그런 다음 모든 생명을 존귀하게 여기는 사상과 '만물은 같이 자라되 서로 해치지 않는다'는 자연법칙을 본받아, 사람들이 사회구조 속에서 자신에게 맞는 역할과 응분의 직분을 갖게 되면, 조화로운 세상이 이루어진다.

이러한 이상적인 사회는 '예'를 존중하고 '인'을 받아들임으로써 실현된다. 사람과 사람, 사람과 사물, 사람과 자연 사이의 조화와 융합이 이루어진다.

'예'가 요구하는 덕목은 군주는 인, 신하는 충의, 부모는 자애, 자식은 효도, 사람 사이는 신뢰다.

인이 멀리 있는가? 인은 실행하려 하면 곧 이루어진다.

부모에게 효도하고, 아랫사람을 사랑하고, 벗과의 약속을 지키고, 맡은 바 책임을 다하고, 학문에 열중한다. 기쁜 마음으로 남을 돕고, 친절을 베푼다. '군자는 파당을 짓지 않는다'는 말처럼 한쪽에 치우치지 않고, 두루 화합하되 자신의 본분을 지킨다. 이렇게 하면 '인'의 경지에 이를 수 있다.

덕으로 나라를 다스리다

덕德으로 나라를 다스린다는 덕치주의는 공자가 법가法家를 상대로 내세운 정치이념이다. 덕치와 법치는 당시의 이대 정치사상이자 서로 대립되는 주장이었다.

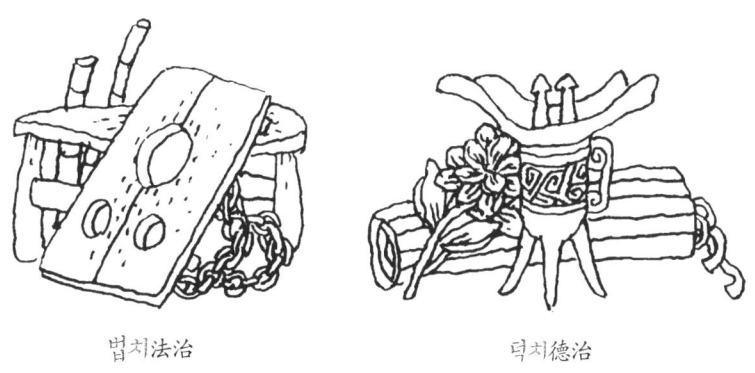

법치法治   덕치德治

공자는 두 가지 주장을 비교하며 말했다. 법치와 형벌에 기대어 나라를 다스리면 무서워서 나쁜 짓을 저지르지 않을지는 몰라도, 사람들은 여전히 염치廉恥를 모르고 살게 된다.

그러나 덕으로 인도하고 예로 질서를 정비하면, 곧 덕으로 나라를 다스리면, 형벌에만 의지하는 정치에서는 불가능한 효과를 기대할 수 있다. 백성들이 잘못을 저지르면 부끄러움을 깨달아 스스로 잘못을 바로잡게 된다.

《논어》에서 공자가 추앙하는 사람은 법률의 허점을 파고드는 소인이나 겁 많고 두려워하는 보통사람이 아니라, 도덕적 절조가 굳은 군자이다. 법을 지키는 것은 당연하고도 기본적인 일이기 때문에, 아름다운 덕성을 갖춘 사람이라야 사람들의 존경을 받게 된다.

군자와 소인

'군자'君子는 본래 사대부 이상의 권력을 지닌 귀족을 가리키는 말이었다. '자'子는 남자에게 붙이는 존칭이다. 군자라는 말에는 신분, 교양, 복식에 대한 찬사의 의미가 담겨 있다.

서주 여왕厲王과 유왕幽王 시대 이후 군자의 본래 의미가 점차 희미해지면서, 존칭의 의미만 남아 경애하는 사람의 대명사가 되었다. 이러한 의미상의 변화를 보고 공자가 자신이 주장하는 이상적인 인격에 군자라는 말을 채용했을 수 있다.

군자와 서로 대립되는 말이 '소인'小人이다. 춘추시대 이전에 소인은 서민, 일반 민중을 가리켰다. 또한 자기자신을 낮추는 말로도 쓰였다.

춘추시대에 들어 '소인'의 의미에 변화가 생겼다. 부끄러운 짓을 저지르는 사람을 의미하는 경우가 많아지면서 도덕적인 의미를 띠게 되었다.

소인

군자

공자는 한 걸음 더 나아가 '군자'와 반대되는 인격을 '소인'이라 칭함으로써 자신의 이론 속에 포함시켰다.

공자의 마음속에서 사람과 사람 사이의 차이는 더욱 분명한 개념으로 발전하였다. 그 기준은 사회적 지위, 재산, 신분이 아니라, 그 사람의 '인'에 대한 태도였다. 공자는 사회구성원을 크게 군자와 소인으로 나누었다.

소인은 견문과 식견이 얕고 부富의 추구에 만족한다

군자는 식견이 풍부하고 즐거운 마음으로 바른 도를 추구한다

공자는 자신의 이익을 추구할 뿐 도를 잊고 사는 소인을 교육 등의 수단을 통해 교화함으로써, 사회의 안정과 화합을 실현할 수 있기를 기대하였다.

공자의 천명관 天命觀

'천명'天命은 천자의 명령이다. 가장 오래된 기록은 은허殷墟(상나라 후기 유적)에서 출토된 갑골문이다

주나라 시대에 들어 종래의 천신 숭배에서 천명에 대한 이성적 탐구로 점차 나아가게 되었다. 불변하는 하늘의 도리를 우주의 법칙으로 받아들였다.

'천명'은 우주를 주재하는 의지를 나타낸다. 상나라 사람들은 왕권의 보호자로서 신령을 숭상하였다.

규표(해시계)

공자는 자신이 '쉰 살에 천명을 알았다'고 말했다. '천명'이란 불변의 섭리인 자연법칙을 일컫는 말이다. 이 시기에 공자는 유가학설의 이론적 기초를 확립하는 중요한 수확을 거두었다.(상세한 내용은 저자의《만화 주역》참조)

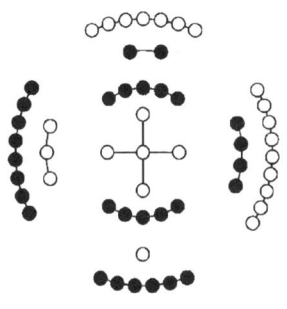

하도河圖

낙서洛書

하도河圖와 낙서洛書는 옛사람들의 우주관을 총체적으로 보여줄 뿐 아니라, 자연체계에 대한 사실적 기록이다.

공자는 말년에《주역》에 심취하였다. 《주역》죽간의 끈이 세 번 끊어졌다는 '위편삼절'韋編三絶이라는 말이 전해온다.

공자는 인을 몸소 실천하고 전통문화를 진흥시킴으로써, 이상적인 정치를 실현하고자 했다. 그것은 천지자연의 도리가 제시하는 역사적 사명을 받아들여 적극 실천하는 것이었다.

공자의 가르침

공자의 천명관은 또한 중국철학의 주류사상을 반영하고 있다. 무신론적 입장에서 보자면 비종교적인 경천지명敬天知命의 세계관이고, 사회적 의미에서 보자면 자신의 이념을 실행해 세상을 구제하려는 인생관이다.

'신령을 공경하되 멀리하라'는 것이 공자의 생각이었다. 귀신처럼 인간의 이해를 넘어서는 존재에 대한 공자의 입장을 엿볼 수 있다.

'공경'의 의미는 제사 지낼 때 지켜야 할 엄숙한 예의를 가리킨다.

'멀리하라'는 인간사의 길흉을 신령의 가호에 기대지 말라는 말이다.

귀신의 유무와 역할은 실증하기 어렵다. 이런 전제 아래 모르는 것은 모른다고 하는 태도가 현명하다. 사람의 힘이 미치는 일도 있고, 미치지 않는 일도 있다. 사람의 힘이 미치지 않는 일은 생각할 필요가 없다.

공자는 유머를 섞어 이렇게 말했다. 죽은 사람이 이승의 일을 안다고 하면, 효심 깊은 자손이 과도한 지출을 하도록 영향을 미칠까 염려된다.

죽은 사람이 이승의 일을 모른다고 하면, 불효자손이 부모가 죽어도 장례를 치르지 않을까 염려된다.

죽은 사람이 이승의 일을 아는지 모르는지 알고 싶으면, 나중에 자신이 죽은 다음에 체험해보면 될 것이다.

공자의 가르침

공자는 이런 농담 속에서도 사람에 대한 관심을 잃지 않고 도덕적 입장을 중시하였다. 공자는 명상과 종교적 신앙에 빠져들지 않은 채 일상 속에서 도덕을 구현하는 일에 몰두하였다.

공자가 보기에 사람들이 신령을 공경하는 것은 신비한 세계를 동경해서가 아니라, 인륜도덕에 대한 심리적 욕구를 충족시키기 위해서였다. 신령에 대한 맹신에서 벗어나 인간사를 이해하기 위해 노력할 수 있다면, 신령의 존재를 인정함으로써 오히려 영원과 유한, 과거와 미래, 죽은 자와 산 자를 통일적으로 인식할 수 있다.

논어

제1편 학이學而

子曰자왈: 學而時習之학이시습지,
不亦說乎불역열호?
有朋自遠方來유붕자원방래,
不亦樂乎불역락호?
人不知인부지, 而不慍이불온,
不亦君子乎불역군자호?

공자가 말했다. 세상을 살아가는 이치를 배우고, 실천을 통해 몸에 배어 있도록 하니, 이 얼마나 기쁜 일인가?

뜻을 같이하는 친구가 멀리서 찾아와 자리를 함께하니, 이 또한 얼마나 즐거운 일인가?

다른 사람이 자신을 알아주지 않아도 원망하지 않고 학문에 전념하는 사람이야말로 군자의 자세 아니겠는가?

有子曰 유자왈:
其爲人也孝弟 기위인야효제,
而好犯上者 이호범상자, 鮮矣 선의;
不好犯上 불호범상, 而好作亂者 이호작란자,
未之有也 미지유야.
君子務本 군자무본, 本立而道生 본립이도생.
孝弟也者 효제야자, 其爲仁之本與 기위인지본여!

유자(有子)가 말했다. 어버이에게 효도하고 형제간에 우애 있는 사람이 윗사람을 거역하는 일은 드물다.

윗사람을 거역하지 않으면서 제멋대로 행동해 질서를 어지럽히는 사람은 거의 없다.

군자는 근본이 되는 일에 힘을 기울인다. 근본이 튼튼해야 인생의 정도를 걸어갈 수 있다. 어버이에게 효도하고 형제간에 우애하는 일은 사람에게 가장 근본이 되는 일이다.

유자有子: 이름은 유약有若, 자는 자유子有. 노나라 사람으로 공자보다 나이가 마흔세 살 젊은 제자였다. 《논어》에는 '자子'라는 존칭이 붙은 공자의 제자가 4명 등장한다. 유자, 증자曾子, 민자閔子, 염자冉子가 그들인데, 《논어》의 편찬자가 그들의 문하에서 나왔기 때문일 것이다.

曾子曰증자왈:
吾日三省吾身오일삼성오신:
爲人謀而不忠乎위인모이불충호?
與朋友交而不信乎여붕우교이불신호?
傳不習乎전불습호?

증자

증자曾子가 말했다. 나는 하루에도 몇 번을 반성하곤 한다. 남을 위해 일하면서 진정 최선을 다했는가?

벗과 사귀면서 신의를 지켰는가?

스승에게 배운 지식을 제대로 익혔는가?

증자曾子: 이름은 증삼曾參, 자는 여與. 노나라 사람으로 공자보다 마흔여섯 살 젊은 제자였다.

子曰자왈:
弟子제자, 入則孝입즉효,
出則悌출즉제, 謹而信근이신,
汎愛衆범애중, 而親仁이친인.
行有餘力행유여력,
則以學文즉이학문.

공자가 말했다. 제자들이여, 집에서는 부모에게 효도하고, 밖에서는 어른을 공경하라. 행동을 삼가고 신의를 지키며, 널리 사람을 사랑하되 선행을 베푸는 어진 사람을 가까이 하라.

이렇게 몸소 실천한 다음에 여력이 있거든 그때 비로소 힘써 글을 배우고 지식을 습득하라.

공자

子夏曰 자하왈:
賢賢易色 현현역색;
事父母 사부모, 能竭其力 능갈기력;
事君 사군, 能致其身 능치기신;
與朋友交 여붕우교,
言而有信 언이유신.
雖曰未學 수왈미학,
吾必謂之學矣 오필위지학의.

자하

자하子夏가 말했다. 아내를 대할 때는 자태만이 아니라 인품과 덕성을 소중히 여겨야 한다.

부모는 모든 정성을 다해 모셔야 한다.

군주君主를 섬길 때는 직무에 책임을 다하고, 친구와 사귈 때는 말에 신의가 있어야 한다.

이런 사람이라면 비록 배운 사람이 아니라고 해도, 나는 그가 학문을 배운 훌륭한 사람이라고 여길 것이다.

자하子夏: 성은 복卜, 이름은 상商, 자는 자하. 위나라 사람으로 공자보다 마흔네 살 젊은 제자이다. 문학 분야에 뛰어났다.

군君: 고대 중국에서 '군'君은 천자, 제후, 고급관료 등 영지를 소유한 사람을 망라하는 말이었다. 오늘날에 와서 '군주를 섬긴다'는 말은 인류, 민족, 국가, 집단으로 그 대상이 확장될 수 있다.

제1편 학이學而

子曰자왈: 君子不重군자부중,
則不威즉불위, 學則不固학즉불고.
主忠信주충신,
無友不如己者무우불여기자.
過則勿憚改과즉물탄개.

공자가 말했다. 군자의 말과 행실이 무겁지 않으면 위엄이 서지 않는다.

다방면으로 두루 공부하면 아집에서 벗어날 수 있다.

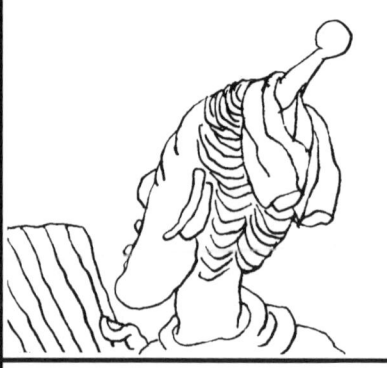

성실과 신의를 세상을 사는 원칙으로 삼고, 자신의 뜻에 부합하지 않는 사람과는 사귀지 않는다.

잘못을 저지르면 고치기를 두려워 않는다.

曾子曰 증자왈:
愼終追遠 신종추원,
民德歸厚矣 민덕귀후의.

증자

증자가 말했다. 어버이의 장례를 엄숙히 치르고, 조상의 제사를 경건히 모시면, 사회 풍조가 순후해질 것이다.

신종愼終: 종終은 삶의 종료를 의미한다. 사람은 태어나면 반드시 죽기 마련이다. 애도의 마음을 다해 엄숙히 장례를 치러야 죽은 사람을 마음속 깊이 기릴 수 있고, 살아 있는 사람들이 생명을 더욱 소중히 여겨 덕을 쌓고 선을 행하게 된다.

추원追遠: '원遠'은 먼 조상을 가리킨다. 때맞추어 제사를 지내야 사람들은 자신의 행복한 삶의 유래를 깨달아 마음으로 감사를 드리게 되고, 관대하고 인자한 삶을 살게 된다.

有子曰 유자왈:
禮之用 예지용, 和爲貴 화위귀,
先王之道 선왕지도, 斯爲美 사위미,
小大由之 소대유지.
有所不行 유소불행, 知和而和 지화이화,
不以禮節之 불이예절지,
亦不可行也 역불가행야.

유자가 말했다. 예禮를 행할 때 가장 어려운 일은 조화를 지키는 것이다. 고대의 현명한 군주들이 뛰어났던 것은 어떠한 경우에도 예를 실천했기 때문이다.

물론 부적응의 경우도 있었다. 조화를 우선시해도 예절에 의해 일정한 제약이 가해지지 않으면 질서가 어지러워지고 만다.

有子曰유자왈:
信近於義신근어의, 言可復也언가복야.
恭近於禮공근어례, 遠恥辱也원치욕야.
因不失其親인부실기친,
亦可宗也역가종야.

유자

유자가 말했다. 남과의 약속이 의리에 부합하면, 약속한 말을 실행할 수 있다. 남을 대할 때의 공손함이 예에 부합하면 치욕을 멀리할 수 있다.

믿고 의지할 수 있는 사람이 친근하고 사랑스러운 사람이다. 이런 사람들만이 존경받고 사람들이 따른다.

子曰자왈:
君子食無求飽군자식무구포,
居無求安거무구안,
敏於事而愼於言민어사이신어언,
就有道而正焉취유도이정언,
可謂好學也已가위호학야이.

공자가 말했다. 군자라면 음식을 배불리 먹지 않고, 마음에 드는 안락한 주거를 구하려 하지 않는다.

하지만 일에 임해서는 근면하고 민첩해야 한다. 자신의 말에 책임을 지고, 한층 높은 도덕 기준 위에 자신을 바로세워야 한다.

이렇게 하면 배움을 갖춘 사람이라고 할 수 있다.

군자

정말 학문을 갖춘 사람이군!

子貢曰자공왈: 貧而無諂빈이무첨,
富而無驕부이무교, 何如하여?
子曰자왈: 可也가야, 未若貧而樂미약빈이락,
富而好禮者也부이호례자야.
子貢曰자공왈: 詩云시운: 如切如磋여절여차,
如琢如磨여탁여마, 其斯之謂與기사지위여?
子曰자왈: 賜也사야, 始可與言詩已矣시가여언시이의!
告諸往而知來者고저왕이지래자.

자공

자공이 말했다. 가난해도 아첨하거나 사사로운 이익을 좇지 않고, 부유해도 교만하거나 사치와 방탕에 빠지지 않는다면 어떻습니까?

공자가 말했다. 괜찮은 일이지만, 가난하면서도 도道를 즐기고, 부유한 몸이면서도 예를 숭상하는 것만은 못하다.

제1편 학이學而

자공이 말했다. 뼈를 자르고, 상아를 다듬고, 구슬을 쪼고, 돌을 갈 듯 절차탁마切磋琢磨를 거듭해 인품을 완성한다는 《시경》의 표현은 바로 이를 두고 한 말입니까?

공자가 말했다. 사賜(자공)야, 비로소 너와 더불어 《시경》을 논할 수 있게 되었구나. 하나를 일러주면 열을 알 만큼 성장했도다.

자공이 인용한 시는 《시경》 위풍衛風 기욱淇奧의 한 절에 나온다. 위나라 무공武公의 미덕을 칭송한 시다.

저 기수淇水의 벼랑을 바라보니
푸른 대나무 아름답고 무성하네.
문채文彩가 빛나는 군자여,
뼈를 자른 듯, 상아를 다듬은 듯,
구슬을 쫀 듯, 돌을 간 듯하구나.
장중하고 굳세며 빛나고 의젓하니
아름다운 군자여, 끝내 잊을 수 없구나.

子曰자왈:
不患人之不己知불환인지불기지,
患不知人也환부지인야.

공자가 말했다. 남이 나를 알아주지 않는 것을 근심하지 말고, 의당 내가 남을 알지 못하는 것을 근심해야 한다.

인지불기지人之不己知: 남이 알아주지 않는다고 자신의 재능과 학문, 품성이 손상되는 것은 아니다. 오히려 더욱 노력하라는 채찍질로 여겨야 한다.

부지인不知人: 내가 남을 알아보지 못하면 뜻을 함께할 수 있는 벗을 잃고, 덕이 있는 군자도 찾지 못하게 된다.

제1편 학이學而

제2편 위정 爲政

子曰 자왈:
爲政以德 위정이덕,
譬如北辰 비여북신,
居其所而衆星共之 거기소이중성공지.

공자가 말했다. 나라를 도덕으로 다스리는 것은 북극성이 제자리에서 움직이지 않아도 다른 별들이 자연스럽게 북극성의 주위를 에워싸고 도는 것과 같다.

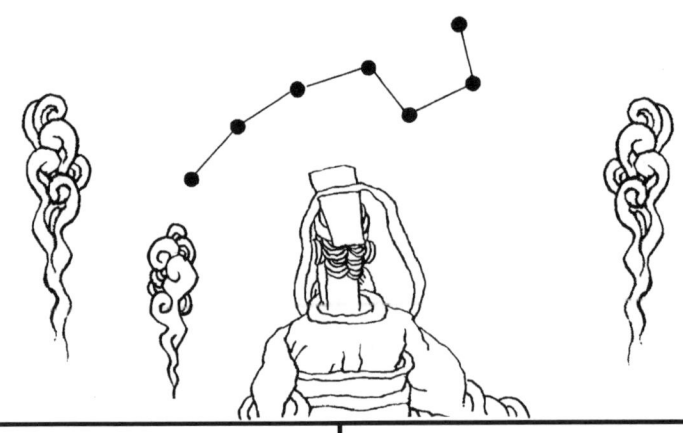

유가는 덕치주의를 주장한다. 덕치德治의 기초는 제왕 자신의 품덕에 달려 있다.

제왕의 품성이 고상하면 백성들의 마음도 자연히 선한 방향으로 향하게 된다.

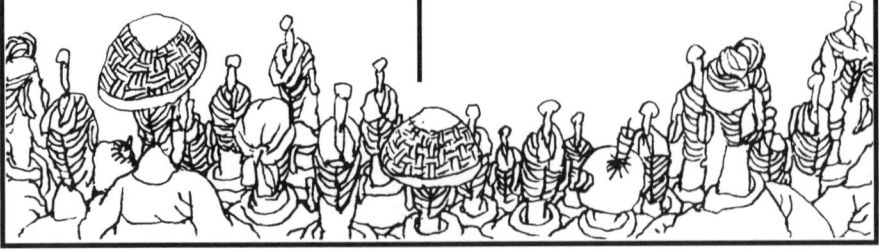

子曰자왈:
詩三百시삼백,
一言以蔽之일언이폐지,
曰思無邪왈사무사.

공자가 말했다. 《시경》 300편을 한마디로 말하자면 진실한 감정을 노래하고 있어 '생각에 사특함이 없다'.

사무사思無邪: '사'思는 사상이라는 의미가 아니라 강조를 위한 발어사이다. '사무사'는 《시경》 노송魯頌 경편駉篇에 나오는 구절로, 말이 앞으로 돌진할 때의 용맹한 모습을 표현한 것이다.

살진 큰 숫말들
먼 들판을 뛰놀고 있네.
용감하고 씩씩한 말이여.
흰 털 박인 검은 말이며, 적부루마며,
정강이 흰 말, 두 눈이 흰 말,
수레를 끌며 질주하누나.
사념 없는 한결같은 마음思無邪으로
이렇듯 용맹히 달려가누나.

제2편 위정爲政

子曰자왈:
道之以政도지이정, 齊之以刑제지이형,
民免而無恥민면이무치; 道之以德도지이덕,
齊之以禮제지이례, 有恥且格유치차격.

공자

공자가 말했다. 법령으로 다스리고 형벌로 규제하면, 백성들이 비록 형벌은 피할 수 있을지라도 염치를 모르게 된다.

하지만 도덕으로 교화하고 예로 다스리면, 백성들은 염치를 알게 될 뿐만 아니라 바른 길을 걷게 될 것이다.

子曰자왈:
吾十有五而志于學오십유오이지우학,
三十而立삼십이립, 四十而不惑사십이불혹,
五十而知天命오십이지천명, 六十而耳順육십이이순,
七十而從心所欲칠십이종심소욕, 不踰矩불유구.

공자가 말했다. 나는 열다섯 살에 학문에 뜻을 갖기 시작했다.

서른 살에는 정신적으로 의탁할 곳이 생겨 스스로를 돌볼 수 있게 되었다.

마흔 살에는 여러 가지 공부를 통해 마음이 어지러이 미혹되는 일이 없었다.

제2편 위정爲政

쉰 살에는 세상만물이 변화하는 근본 법칙을 깨달았다.

예순 살에는 나와 의견이 다른 사람과도 편안히 이야기를 나눌 수 있게 되었다.

일흔 살이 되어서는 하고 싶은 대로 해도 도덕적인 경계를 넘는 일이 없었다.

孟武伯問孝맹무백문효.
子曰자왈:
父母唯其疾之憂부모유기질지우.

맹무백孟武伯이 공자에게 효도의 길을 물었다. 	공자가 말했다. 부모는 자녀가 아프지나 않을까 항상 걱정한다.
자녀가 부모에게 순종하면 부모는 자녀의 건강을 걱정하는 것으로 충분하다. 이것이 효행의 본뜻을 구현하는 것이다. 	맹무백孟武伯: 노나라 중신 맹의자孟懿子의 아들로, 무武는 시호이다. 

子游問孝자유문효.
子曰자왈:
今之孝者금지효자, 是謂能養시위능양.
至於犬馬지어견마, 皆能有養개능유양,
不敬불경, 何以別乎하이별호?

자유子游가 공자에게 효도의 길을 물었다. 공자가 대답했다. 요즈음 세상에서는 부모를 봉양하는 것을 효도라고 한다. 부양의 의무를 다하면 충분하다고 생각하는 것이다.

늙은 부모를 부양하는 것만으로는 충분하지 않아.

공자

개나 말도 먹이를 주어 키운다. 부모를 공경하는 마음이 없으면, 무엇으로 구별할 수 있겠는가?

子夏問孝자하문효.
子曰자왈:
色難색난.
有事유사, 弟子服其勞제자복기로;
有酒食유주사, 先生饌선생찬,
曾是以爲孝乎증시이위효호?

자하가 공자에게 효도의 길에 대한 가르침을 청했다. 공자가 대답했다. 자녀들이 늙은 부모 앞에서 부드러운 얼굴빛을 유지하는 것만큼 어려운 일은 없다.

부모에게 일이 닥치면 자식들이 수고로움을 대신한다.

맛있는 음식을 장만하면 윗사람이 먼저 들게 한다.

하지만 상냥하고 환한 얼굴이 아니라면 그같은 형식적인 것만으로 효행을 다했다고 할 수 있을까?

子曰자왈:
溫故而知新온고이지신,
可以爲師矣가이위사의.
子曰자왈:
君子不器군자불기.

공자가 말했다. 옛것을 찾아보고 거기에서 새로운 도리를 알아내면 남의 스승이 될 수 있다.

군자는 용도가 한정된 그릇이 되어서는 안된다.

곧 도덕적으로 수양이 잘된 사람은 작고 한정된 일을 뛰어넘어 자신이 가진 힘을 자유자재로 발휘해야 한다.

子貢問君子자공문군자.
子曰자왈:
先行其言선행기언,
而後從之이후종지.

공자

자공이 공자에게 군자에 대해 물었다. 공자가 말했다. 군자는 말하기 전에 먼저 실행하고, 그 다음에 실행한 것을 말한다.

나는 말이야...

자기가 할 수 없는 일은 큰소리치지 말아야 한다. 이것이 군자의 가장 기본적인 준칙이다.

子曰자왈:
君子周而不比군자주이불비,
小人比而不周소인비이부주.

공자가 말했다. 군자는 사람들과 두루 친밀히 지내지만 사리사욕을 위해 편당을 짓지 않고, 소인은 사리사욕을 앞세워 편당을 짓지만 서로 친밀하지 않다.

주周: 도의(민족국가와 인류의 이익 등)에 기초해 사람들과 두루 친밀함을 일컬음.

비比: 서로 결탁하여 편당을 지음. 사람들과 무리를 지어 사리사욕을 앞세운다는 모멸적인 표현.

子曰^{자왈}:
學而不思則罔^{학이불사즉망},
思而不學則殆^{사이불학즉태}.

공자

공자가 말했다. 공부만 하고 스스로 생각하지 않으면, 배울수록 더 혼미해진다.

생각만 하고 학문을 하지 않으면 사고가 독단에 치우쳐 위험하다.

예를 들어 일생에 걸쳐 해결책을 찾지 못해 고민해온 문제라도 책 속에 답이 있을 수 있다. 그것도 완벽한 답인 경우가 많다.

子曰 자왈:
由 유!
誨女知之乎 회여지지호!
知之爲知之 지지위지지,
不知爲不知 부지위부지,
是知也 시지야.

공자가 말했다. 유由(자로)야! 너에게 지식을 탐구하는 자세를 가르쳐주겠다. 아는 것은 '안다'고 하고, 모르는 것은 '모른다'고 하는 것이 지식을 구하는 마음가짐이어야 한다

이런 자세를 갖고 있으면 나날이 성장해 남보다 뛰어난 인물이 된다. 다른 사람의 말을 받아 옮기기만 하면 발전하지 못한다.

유由: 성은 중仲, 이름은 유由, 자는 자로子路. 노나라 사람으로 공자보다 아홉 살 젊은 제자이다.

哀公問曰애공문왈:
何爲則民服하위즉민복?
孔子對曰공자대왈:
擧直錯諸枉거직조저왕,
則民服즉민복;
擧枉錯諸直거왕조저직,
則民不服즉민불복.

노나라 애공哀公이 물었다. 어떻게 정치를 해야 백성들이 따를까요?

하지만 사악한 사람을 발탁해 정직한 사람 위에 두면 백성이 복종하지 않을 것입니다.

애공哀公: 성은 희姬, 이름은 장蔣으로 노나라 정공定公의 아들. '애哀'는 사후의 시호이다.

공자가 대답했다. 정직한 사람을 발탁해 사악한 사람 위에 두면 백성이 순종하게 되지요.

제2편 위정爲政

季康子問계강자문:
使民敬사민경, 忠以勸충이권,
如之何여지하?
子曰자왈:
臨之以莊임지이장, 則敬즉경;
孝慈효자, 則忠즉충;
擧善而敎不能거선이교불능,
則勸즉권.

계강자季康子가 공자에게 물었다. 백성들이 군주를 존경하고, 진심으로 근면하게 일하도록 권면하려면 어떻게 해야 할까요?

공자가 말했다. 예를 갖추어 근엄한 태도로 백성을 대하면 백성들이 법령에 공손히 따르게 될 것입니다.

군주가 부모에게 효도하고, 백성들에게 자애로우면, 백성들도 성심을 다할 것입니다.

계강자

선량하고 우수한 사람을 등용해 능력이 부족한 사람을 교육시키면 백성들은 근면하게 될 것입니다.

공자

계강자季康子: 계손비季孫肥. 노나라 애공 때의 재상으로 당시 정치적으로 최고 권력자였다. '강'康은 그의 시호다.

계강자

제2편 위정爲政 67

或謂孔子曰혹위공자왈:
子奚不爲政자해불위정?
子曰자왈:
書云서운, 孝乎惟孝효호유효,
友于兄弟우우형제, 施於有政시어유정.
是亦爲政시역위정, 奚其爲不爲政해기위불위정?

어떤 사람이 공자에게 왜 정치를 하지 않느냐고 물었다.

공자는 대답했다. 《서경》에 이르기를 "중요한 것은 효행이다. 부모를 공경하고 형제 간에 우애가 좋으면, 이와 같은 기풍은 현실정치에 영향을 준다"고 하였다. 따라서 지금 이미 정치에 관여하고 있는 것이다. 어찌 꼭 벼슬을 해야 정치를 한다고 하겠는가?

子曰자왈:
人而無信인이무신,
不知其可也부지기가야.
大車無輗대거무예,
小車無軏소거무월
其何以行之哉기하이행지재?

공자가 말했다. 사람이 신용을 지키지 않으면 남과 사귈 방도가 없을 것이다.

소가 끄는 큰 수레와 말이 끄는 수레에 연결용 가로대가 없다면, 수레가 어떻게 굴러 가겠는가? 신용이 없으면 수레의 가로대가 없는 것과 마찬가지다.

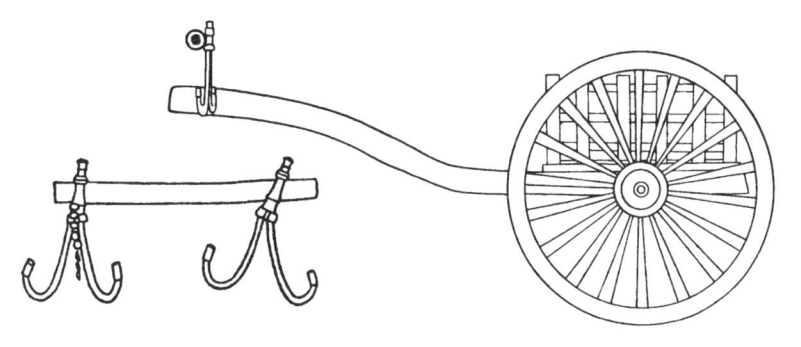

子曰 자왈:
非其鬼而祭之 비기귀이제지,
諂也 첨야. 見義不爲 견의불위,
無勇也 무용야.

공자가 말했다. 자기 조상이 아닌데도 제사 지내는 것은 틀림없이 이익을 노리고 하는 행위다.

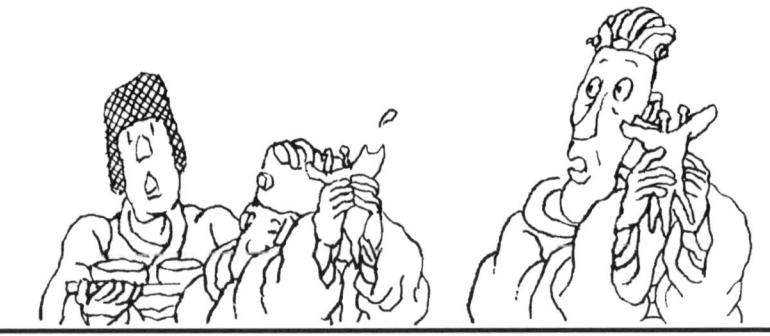

자신의 몸을 돌보지 않고 나서야 할 때 수수방관만 하는 사람은 비겁한 사람이다.

제3편 팔일八佾

子曰자왈:
人而不仁인이불인,
如禮何여례하?
人而不仁인이불인,
如樂何여락하?

공자

공자가 말했다. 어진 마음으로 사랑할 줄 모르는 사람이 예를 배운들 무슨 소용이 있겠는가?

어진 마음으로 사랑할 줄 모르는 사람이 음악을 배운들 무슨 소용이 있겠는가?

林放問禮之本임방문례지본.
子曰자왈: 大哉問대재문!
禮예, 與其奢也여기사야, 寧儉영검:
喪상, 與其易也여기이야, 寧戚영척.

노나라의 임방林放이 예禮의 근본 도리를 묻자, 공자가 말했다. 쉽지 않은 질문이구나!

예라는 것은 허세를 부려 겉치레 포장을 하기보다는 차라리 소박한 것이 낫다. 상례喪禮는 비록 빈틈없이 잘 치르더라도 상을 당한 슬픈 마음만 같지 못한 법이다.

子曰 자왈:
君子無所爭 군자무소쟁,
必也射乎 필야사호!
揖讓而升 읍양이승, 下而飮 하이음.
其爭也君子 기쟁야군자.

공자가 말했다. 군자 사이에 승부를 겨루는 일은 없어야 한다. 굳이 해야 한다면 육예(예禮, 악樂, 사射, 어御, 서書, 수數) 가운데 활쏘기를 하라.

사대에 오르내릴 때와 끝나고 술을 마실 때도 예를 다해야 한다. 그런 승부가 군자의 모습이다.

겨루는 목적은 어디까지나 교류에 있지 이기는 데 있지 않아.

제3편 팔일八佾

子夏問曰자하문왈:
巧笑倩兮교소천혜,
美目盼兮미목반혜,
素以爲絢兮소이위현혜.
何謂也하위야?
子曰자왈: 繪事後素회사후소.
曰: 禮後乎예후호?
子曰자왈: 起予者商也기여자상야!
始可與言詩已矣시가여언시이의.

자하가 공자에게 물었다. "애교 넘치는 웃음 사랑스럽고, 반짝이는 눈매 아름답네. 희디 흰 얼굴의 광채 눈부시구나"라는 《시경》의 표현은 무엇을 말하는 것입니까?

자하

공자가 말했다. 그림을 그릴 때는 먼저 바탕을 희게 한 다음에 한다는 말이다.

자하가 인용한 '애교 넘치는 웃음'巧笑은 《시경》 위풍衛風 석인碩人편에 나오는데, '제공齊公의 딸과 위공衛公의 아내'를 찬미한 것이다. '소이위현혜'素以爲絢兮라는 구절은 현존하는 《시경》에는 보이지 않는다. 아마도 사라진 문구일 것이다.

或問禘之說흑문체지설. 子曰자왈: 不知也부지야; 知其說者之於天下也지기설자지어천하야, 其如示諸斯乎기여시저사호! 指其掌지기장.

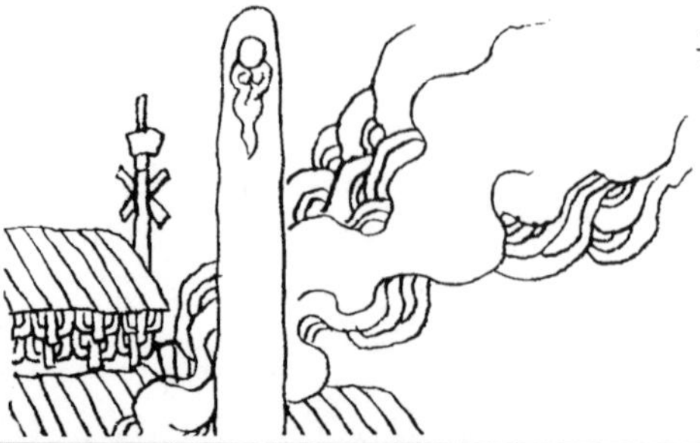

누군가 공자에게 '체'禘 제사의 이치를 가르쳐주기를 청했다.

이런 제사를 지내는 이치는 무엇입니까?

공자가 말했다. 모르겠소. 만일 그 같은 이치를 아는 사람이 천하를 다스린다면, 천하의 일을 여기 올려놓고 다루듯 할 것이오. 그러면서 공자는 자신의 손바닥을 가리켰다.

'체'禘는 고대의 천자가 자신의 시조에게 올리던 성대한 제례다. 사람과 사람, 사람과 천지, 자신들과 조상 사이에 지켜야 할 관계를 보임으로써 민심을 모으고 정권을 공고히 하는데 활용하였다.

공자가 '모르겠다'고 답한 데는 두 가지 이유가 있다. 첫째는 답이 분명하기 때문이다. 주공의 시대, 더 소급해 올라가면 전설상의 오제五帝 시대에 이미 해결된 문제라서 새삼 대답할 필요가 없었디.

둘째는 공자의 시대에 '체' 제사가 이미 예법에 반하게 되어 그 의의를 설명해도 의미가 없어졌기 때문이다.

제3편 팔일八佾   77

祭如在^{제여재},
祭神如神在^{제신여신재}.
子曰^{자왈}:
吾不與祭如不祭^{오불여제여불제}.

조상에게 제사를 지낼 때는 조상이 실제로 눈앞에 있는 것과 같이 한다

천지만물에 제사지낼 때는 마치 자연을 주재하는 신이 정말 강림한 듯이 한다.

신령

공자가 말했다. 나는 형식에 치우친 제사는 찬성하지 않는다. 제사를 지낸다 해도 제사의 의의를 잃어버렸기 때문이다.

네 아버지 묘소에 다녀오거라.

예

王孫賈問曰왕손가문왈:
與其媚於奧여기미어오,
寧媚於竈영미어조.
何謂也하위야?
子曰자왈:
不然불연,
獲罪於天획죄어천,
無所禱也무소도야.

왕손가가 공자를 청해 물었다. '안방 신에 아첨하기보다 부뚜막 신에 아첨하는 것이 낫다'는 말은 무슨 뜻입니까?

안방인가요, 부뚜막인가요?

공자가 말했다. 그렇지 않습니다. 그 말을 진실로 받아들여 하늘이 노한다면 누구에게 용서를 빌겠습니까?

오奧: 방안의 서남쪽 구석 해가 들지 않는 어두운 비밀 공간을 가리킨다. 그곳에 진좌하는 신은 존귀한 존재다.

조竈: 취사를 담당하는 부뚜막 조왕신. 실용적 가치를 지니는 신이다.

왕손가王孫賈: 춘추시대 위나라 대부. 왕손가는 당시 유행하던 속담을 빌어 공자의 가르침을 청했다. 일반적으로 안방 신은 위나라 영공이 총애하던 부인 남자南子, 부뚜막 신은 당시의 권세가 미자하彌子瑕를 가리키는 것으로 알려져 있다.(영공과 왕손가로 해석하는 설도 있다.)

子曰^{자왈}:
周監於二代^{주감어이대},
郁郁乎文哉^{욱욱호문재}!
吾從周^{오종주}.

공자가 말했다. 주나라의 정치, 예악禮樂, 문명은 하나라와 상나라의 전통을 거울 삼아 만들어졌다. 얼마나 찬란한가. 우리는 주나라의 문화를 존중하고 따라야 한다.

子入太廟자입태묘, 每事問매사문.
或曰혹왈:
孰謂鄹人之子知禮乎숙위추인지자지례호?
入太廟每事問입태묘매사문.
子聞之曰자문지왈:
是禮也시례야.

공자는 노나라 시조 주공周公을 제사지내는 태묘의 제례를 도우면서 매사를 일일이 남에게 물었다.

어떤 사람이 이 모습을 보고 말했다. 누가 추鄹 지방 출신 숙량흘叔梁紇의 아들이 예절을 안다고 했지? 태묘에서 질문만 하고 있잖은가.

공자가 나중에 그 말을 전해 듣고 말했다. 그것이 바로 예가 요구하는 것이다.

子貢欲去告朔之餼羊자공욕거고삭지희양.
子曰자왈:
賜也사야, 爾愛其羊이애기양,
我愛其禮아애기례.

자공이 고삭告朔 의식에서 살아 있는 양을 바치는 제도를 없애려고 하였다.

공자가 말했다. 단목사端木賜(자공의 이름)야! 너는 그 양을 아끼는가? 나는 그 예를 아낀다.

양을 빼도 될까요?

고삭告朔: 고대의 의식. 매년 가을에서 겨울로 넘어갈 때 주나라 천자는 다음해의 역서를 제후들에게 나누어주었다. 역서에는 그해 윤달의 유무가 포함되어 있어, 어느 날이 매월 초하루인지 알 수 있었다. 천자가 제후들에게 초하루를 알려주었다 해서 고삭告朔이라고 했다.

제후들은 역서를 받아 선대의 군주와 조상에게 보고하고, 이를 조상의 묘에 보관하였다.

노나라 정공, 애공 시대에 이르면, 천자의 권위가 추락해 제후들은 더 이상 고삭 의식에 참례하지 않게 되었다. 그런데도 관리들은 제사에 쓸 산 양을 준비하였다. 자공은 이젠 형식에 지나지 않으므로 산 양을 희생으로 사용할 필요가 없다고 생각했다.

공자는 의식이 유명무실해졌다 해도 없는 것보다는 낫다고 생각해 그런 형식이나마 남겨두려 했다.

定公問정공문:
君事臣군사신, 臣事君신사군,
如之何여지하?
孔子對曰공자대왈:
君使臣以禮군사신이례,
臣事君以忠신사군이충.

노정공

노나라 정공이 물었다. 군주가 신하를 부리고 신하가 군주를 섬길 때 어떻게 해야 합니까?

공자가 말했다. 군주는 신하를 예로써 대해야 하고, 신하는 군주를 섬김에 있어 직분을 충실히 지켜야 합니다.

공자

제3편 팔일八佾

儀封人請見의봉인청견, 曰왈:
君子之至於斯也군자지지어사야,
吾未嘗不得見也오미상부득견야.
從者見之종자현지. 出曰출왈:
二三子何患於喪乎이삼자하환어상호?
天下之無道也久矣천하지무도야구의!
天將以夫子爲木鐸천장이부자위목탁.

공자가 여러 나라를 주유하던 때의 일이다. 의儀 땅의 변방관리가 '군자께서 이곳을 지날 때면 내 일찍이 아니 뵌 적이 없다'며 공자 면회를 요청했다. 이에 수행한 제자들이 공자를 만나도록 주선하였다.

그는 공자를 만나고 나와 공자의 제자들에게 말했다. 여러분은 어찌하여 선생께서 관직을 잃고 유랑한다고 걱정하는가? 세상의 바른 도가 사라진 지 이미 오래이니, 하늘이 공자 선생을 세상을 바르게 할 지도자로 삼을 것이오.

子謂韶자위소: 盡美矣진미의, 又盡善也우진선야.
謂武위무: 盡美矣진미의, 未盡善也미진선야.

공자는 '소'韶라는 음악을 '아주 아름답고, 아주 훌륭하다'고 평가하였다.(고대의 성왕 순임금 시대의 악무인 '소'는 대소大韶라고도 하며, 순임금이 요임금에게서 선양받은 고사를 반영한다. 춤 속에 평화의 기운이 넘쳐 진선진미의 경지라고 일컬어진다.)

한편 공자는 '무'武는 '아름답지만, 대단히 훌륭하지는 않다'고 평가하였다.('무'는 주나라 '육무'六舞의 하나로 무왕의 주왕 토벌을 표현한 악무이다. 공자는 무왕의 토벌이 민심에 순응한 것이지만, 무력을 사용했기에 최고의 경지는 아니라고 평가했다.)

子曰자왈:
居上不寬거상불관, 爲禮不敬위례불경,
臨喪不哀임상불애,
吾何以觀之哉오하이관지재?

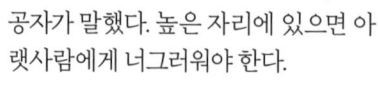

공자가 말했다. 높은 자리에 있으면 아랫사람에게 너그러워야 한다.

예를 행할 때는 성의를 다해야 한다.

상례에 참석해 비애의 감정이 없어서는 안된다. 그렇지 않다면 그런 사람의 모습을 어떻게 수긍하고 봐줄 수 있겠는가?

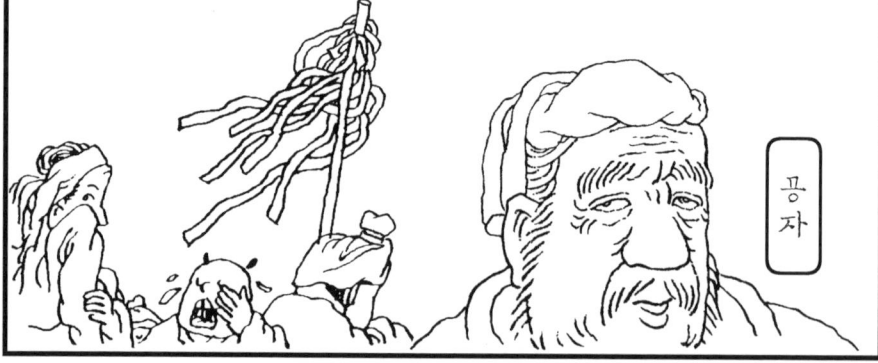

제4편 이인里仁

子曰자왈:
里仁爲美이인위미,
擇不處仁택불처인,
焉得知언득지?

거처를 고를 때 환경을 생각하지 않으면, 어찌 현명하다 할 수 있겠는가?

공자가 말했다. 인덕을 지닌 사람이 사는 고장에 사는 게 좋다. 인덕을 지닌 사람과 이웃해 살아야 발전할 수 있다.

子曰자왈:
不仁者不可以久處約불인자불가이구처약,
不可以長處樂불가이장처락.
仁者安仁인자안인,
知者利仁지자리인.

공자가 말했다. 어질지 못한 사람은 역경을 오래 견디지 못한다.

오래오래 안락하게 살 수도 없다.

어진 사람은 자신이 숭상하는 원칙을 충실히 여기고, 지혜로운 사람은 인덕을 지녀야 자신에게 큰 이익이 된다는 사실을 안다.

子曰자왈: 富與貴부여귀,
是人之所欲也시인지소욕야.
不以其道得之불이기도득지, 不處也불처야.
貧與賤빈여천, 是人之所惡也시인지소오야.
不以其道得之불이기도득지, 不去也불거야.
君子去仁군자거인, 惡乎成名오호성명?
君子無終食之間違仁군자무종식지간위인,
造次必於是조차필어시, 顚沛必於是전패필어시.

공자가 말했다. 재물과 벼슬은 모든 사람이 원하는 것이다.

그러나 정당한 경로를 통한 것이 아니라면 군자는 그것을 받아들이지 않아야 한다.

가난과 비천한 신분은 누구라도 싫어한다.

하지만 정당한 방법을 통한 것이 아니라면 군자는 거기에서 벗어나고자 하지 않는다.

만일 군자가 인덕의 마음을 버리면 어떻게 공명을 성취할 수 있겠는가?

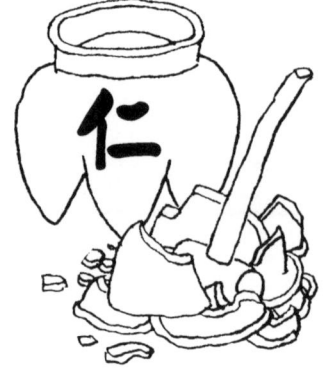

군자는 밥을 먹는 잠깐 사이에도 인덕의 규범을 어기지 않는다.

군자는 긴급한 상황에서도 반드시 인에 근본을 두며, 유랑의 몸으로 곤궁한 상황이어도 마찬가지다.

子曰자왈:
朝聞道조문도,
夕死可矣석사가의.
子曰자왈:
士志於道사지어도,
而恥惡衣惡食者이치악의악식자,
未足與議也미족여의야.

공자가 말했다. 아침에 진리를 알 수 있다면 저녁에 죽는다 해도 아쉬울 게 없다.

공자가 말했다. 학문이 있고 진리에 뜻을 두고 있어도, 남루한 옷과 거친 음식을 부끄러워하는 사람이라면 함께 의논할 상대로는 부족하다.

子曰자왈:
君子之於天下也군자지어천하야,
無適也무적야, 無莫也무막야,
義之與比의지여비.
子曰자왈:
君子懷德군자회덕, 小人懷土소인회토;
君子懷刑군자회형, 小人懷惠소인회혜.

공자가 말했다. 군자가 천하의 일을 다룸에 있어 반드시 해야 할 일도, 하지 말아야 할 일도 없다. 모든 것은 인정과 도리를 기준으로 결정해야 한다.

공자

공자가 말했다. 군자는 민중을 도덕교화하는 일에 관심을 갖고, 소인은 집과 전답을 장만하는 일에 관심을 쏟는다.

또한 군자가 관심을 두는 것은 법도이고, 소인이 관심을 갖는 것은 사리사욕이다.

子曰자왈:
放於利而行방어리이행, 多怨다원.
子曰자왈:
不患無位불환무위, 患所以立환소이립.
不患莫己知불환막기지,
求爲可知也구위가지야.

공자가 말했다. 자신의 이익을 좇아 처신하다 보면 사람들의 원망을 사게 된다.

벼슬자리가 없다고 아쉬워하지 말고, 자신에게 그럴 만한 학문과 능력이 없음을 걱정하라. 남이 자기를 알아주지 않는다고 근심하지 말고, 남이 평가해줄 만한 실력을 갖추기 위해 노력하라.

제4편 이인里仁

子曰자왈:
參乎삼호! 吾道一以貫之오도일이관지.
曾子曰증자왈: 唯유.
子出자출, 門人問曰문인문왈: 何謂也하위야?
曾子曰증자왈:
夫子之道부자지도, 忠恕而已矣충서이이의.

공자가 말했다. 증삼曾參아! 나의 도道는 한 가지 이치로 모든 것을 관통하느니라. 그러자 증자가 말했다. 예, 잘 알겠습니다.

알겠습니다.

공자가 밖으로 나가자 다른 제자들이 증자에게 무슨 뜻이냐고 물었다. 증자가 말했다. 선생님의 도는 충서忠恕일 뿐이라네.

증자

忠 恕

일이관지一以貫之: 공자가 말하는 유가학설의 근본원리이다. 이러한 원리를 지킴으로써 공자는 마음이 움직이는 대로 행동해도 도덕적으로 선을 넘는 일이 없는 경지에 도달할 수 있었다.

충서忠恕: 당시 증자曾子가 이해하고 있던 공자의 도에 대한 근본원리로, 공자의 핵심 사상과 동일한 것은 아닐 수 있다. 공자가 세상을 떴을 때 증자의 나이는 아직 스물일곱 살이었다. 나중에 증자는 '책임이 무겁고 갈 길이 멀다', '인仁을 자신의 책임으로 삼았다'고 말했다. 이로 미루어 '인'이야말로 공자의 일관된 '도'라고 할 만하다.

子曰자왈:
君子喩於義군자유어의,
小人喩於利소인유어리.
子曰자왈:
見賢思齊焉견현사제언,
見不賢而內自省也견불현이내자성야.

공자가 말했다. 군자는 의義가 무엇인지 깊이 깨달은 사람이다. 	소인은 이익이 되는 일에만 밝다. 
공자가 말했다. 어질고 재능이 있는 사람을 보면 본받기 위해 노력해야 한다. 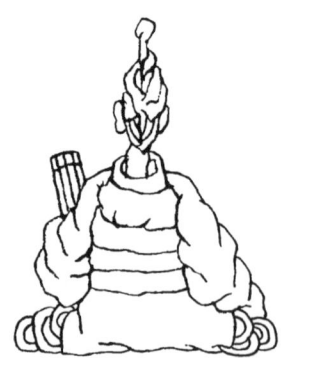	덕도 재능도 없는 사람을 보면 자신도 그렇지 않은지 반성해야 한다. 

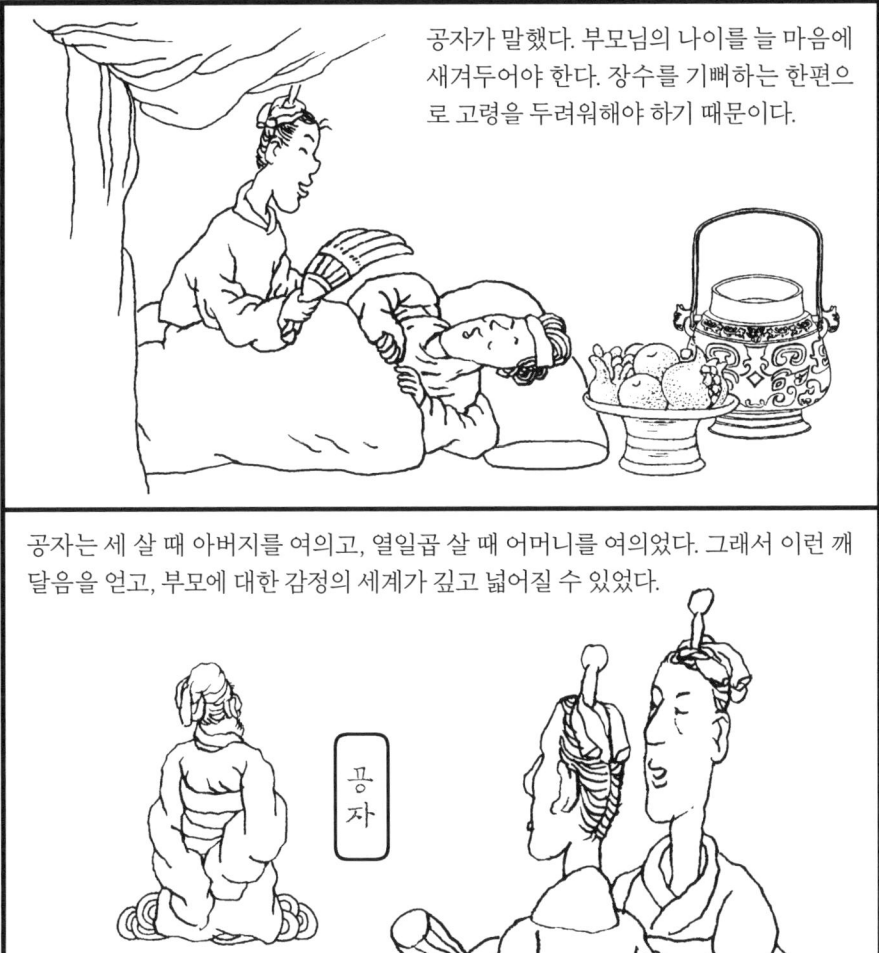

子曰^{자왈}:
古者言之不出^{고자언지불출},
恥躬之不逮也^{치궁지불체야}.
子曰^{자왈}:
君子欲訥於言^{군자욕눌어언},
而敏於行^{이민어행}.

공자가 말했다. 옛사람들은 말을 함부로 하지 않았다. 내뱉은 말을 실천하지 못하는 것을 치욕으로 생각했기 때문이다.

공자가 말했다. 군자는 입이 무겁고 말이 신중해야 하지만, 행실은 민첩해야 한다.

子曰자왈:
德不孤덕불고, 必有隣필유린.
子游曰자유왈:
事君數사군삭, 斯辱矣사욕의;
朋友數붕우삭, 斯疎矣사소의.

공자가 말했다. 덕이 있는 사람은 고립되지 않고, 반드시 이해하고 지지해주는 사람들을 얻게 된다.

군자

자유子游가 말했다. 군주를 섬기면서 너무 자주 간언하면 욕을 보게 된다.

친구를 사귀는 데 자주 충고를 하면 사이가 멀어지게 된다.

역겹군!

제5편 공야장 公冶長

子謂公冶長자위공야장, 可妻也가처야.
雖在縲絏之中수재류설지중,
非其罪也비기죄야. 以其子妻之이기자처지.
子謂南容자위남용, 邦有道방유도,
不廢불폐; 邦無道방무도,
免於刑戮면어형륙.
以其兄之子妻之이기형지자처지.

공자가 제자 공야장公冶長에 대해 말했다. 사위로 삼을 만하다. 비록 옥에 갇힌 적이 있지만, 죄를 지은 것은 아니다. 그리고 딸을 그에게 시집보냈다.

공자가 제자 남용南容에 대해 말했다. 나라의 정치가 바르게 행해지면 벼슬을 얻어 활약할 것이고, 정치가 혼란스러워도 형벌에 처해지는 일은 없을 것이다. 그리고 조카딸을 그에게 시집보냈다.

子貢問曰자공문왈:
賜也何如사야하여?
子曰자왈:
女器也여기야.
曰왈: 何器也하기야?
曰왈: 瑚璉也호련야.

자공이 공자에게 물었다. 저를 어떻게 생각하십니까? 공자가 말했다. 너는 '기器'다. 자공이 물었다. 무슨 '기'인가요? 호련瑚璉이다.

기器: 본래 특정한 용도의 그릇이지만, 여기서는 구체적인 일에 능한 전문가를 의미한다.

호련瑚璉: 보궤簠簋. 고대 제사 때 곡식을 담던 제기로 하나라 때는 호瑚, 상나라 때는 연璉이라 칭했다.

궤簋

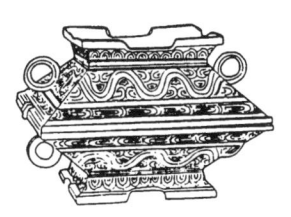

보簠

제5편 공야장公冶長

或曰혹왈:
雍也仁而不佞용야인이불녕.
子曰자왈:
焉用佞언용녕?
禦人以口給어인이구급.
屢憎於人누증어인.
不知其仁부지기인, 焉用佞언용녕?

어떤 사람이 말했다. 옹雍은 품성은 좋은데 말재주가 없다.

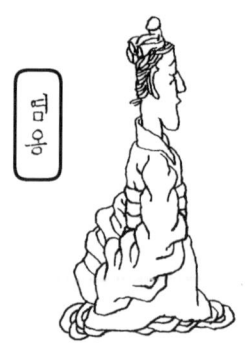

공자가 말했다. 어째서 말솜씨가 좋아야 하는가? 말솜씨만으로 사람을 대하면 번번이 남에게 미움을 사는 법이다.

옹雍

나는 그의 품행이 얼마나 훌륭한지는 모르지만, 구태여 말솜씨가 좋아야 한다고는 생각하지 않는다.

옹雍: 성은 염冉, 이름은 옹이다. 노나라 사람으로 공자보다 스물아홉 살 젊은 제자인데, 덕행이 뛰어났다.

옹雍

子使漆雕開仕자사칠조개사.
對曰대왈:
吾斯之未能信오사지미능신.
子說자열.

공자가 칠조개漆雕開에게 벼슬길을 주선하였다. 칠조개가 회답하였다. 저는 아직 벼슬을 감당할 자신이 없습니다. 공자는 이 말을 듣고 매우 기뻤다.

칠조개漆雕開: 성은 칠조, 이름은 개로 본명은 계啓이다. 공자보다 열한 살 젊은 제자이다.

칠조개는 자신의 역량을 바르게 판별할 수 있는 총명함을 갖고 있었다. 공자는 그의 겸손함과 향학열을 알고 기뻤던 것이다.

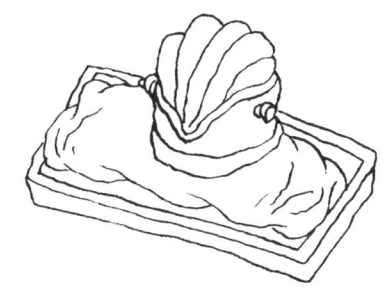

제5편 공야장公冶長

子曰자왈:
道不行도불행, 乘桴浮于海승부부우해.
從我者종아자, 其由與기유여!
子路聞之喜자로문지희.
子曰자왈: 由也好勇過我유야호용과아,
無所取材무소취재.

공자가 말했다. 내 주장이 통하지 않아 뗏목을 타고 바다를 떠돈다면, 나를 따를 자는 아마 자로밖에 없을 것이다. 자로는 이 말을 듣고 매우 기뻐했다.

공자는 이어서 말했다. 자로의 용감함은 나에 비할 바가 아니지만, 사리를 분별하지 못하는 게 아쉽구나.

뗏목 목재는 어디서 구해야 할까?

孟武伯問맹무백문: 子路仁乎자로인호? 子曰자왈: 不知也부지야.
又問우문. 子曰자왈: 由也유야, 千乘之國천승지국, 可使治其賦也가사치기부야,
不知其仁也부지기인야. 求也何如구야하여?
子曰자왈: 求也구야, 千室之邑천실지읍, 百乘之家백승지가, 可使爲之宰也가사위지재야,
不知其仁也부지기인야. 赤也何如적야하여? 子曰자왈: 赤也적야, 束帶立於朝속대립어조,
可使與賓客言也가사여빈객언야,
不知其仁也부지기인야.

맹무백孟武伯이 공자에게 물었다. 자로는 어진 사람입니까? 공자가 말했다. 모르겠소. 그러자 맹무백이 다시 물었다.

공자가 말했다. 유由(자로)는 제후국의 군정軍政을 관장할 만하지만, 그가 어진 사람인지는 모르겠소.

다시 맹무백이 물었다. 적赤은 어떻습니까? 공자가 말했다. 공서적公西赤은 예복을 갖춰 입고 조정에서 빈객을 맞을 만하지만, 그가 어진 사람인지는 모르겠소.

맹무백이 물었다. 구求(염유)는 어떻습니까? 공자가 말했다. 구는 천 호의 읍이나 전차 백 대를 보유한 경대부의 영지는 통괄할 수 있지만, 그가 어진 사람인지는 모르겠소.

적赤: 성은 공서公西, 이름은 적이고, 자는 자화子華 또는 공서화公西華이다. 공자보다 마흔두 살 젊은 제자다.

子謂子貢曰자위자공왈: 女與回也여여회야, 孰愈숙유?
對曰대왈: 賜也何敢望回사야하감망회?
回也聞一以知十회야문일이지십,
賜也聞一以知二사야문일이지이.
子曰자왈:
弗如也불여야, 吾與女오여여, 弗如也불여야.

공자가 자공에게 물었다. 너와 안회顔回 가운데 누가 더 나으냐? 자공이 대답했다. 제가 어찌 감히 안회와 비교되겠습니까? 안회는 하나를 들으면 열을 아는데, 저는 하나를 들으면 둘을 알 뿐입니다. 공자가 말했다. 확실히 그렇다. 나도 안회만 같지 못하다.

宰予晝寢재여주침. 子曰자왈: 朽木不可雕也후목불가조야.
糞土之牆不可杇也분토지장불가오야. 於予與何誅어여여하주?
子曰자왈: 始吾於人也시오어인야,
聽其言而信其行청기언이신기행;
今吾於人也금오어인야,
聽其言而觀其行청기언이관기행.
於予與改是어여여개시.

재여宰予가 낮잠을 잤다. 공자가 말했다. 썩은 나무는 조각할 수 없고, 폐기한 흙으로 쌓은 담은 손질하기 어렵다. 재여는 이제 꾸짖을 가치조차 없다.

공자가 다시 말했다. 지금까지 나는 사람을 대하면서 남이 말하는 것을 들으면 그 사람의 행동도 신용하였다.

그런데 이제는 그 사람의 말뿐 아니라 행동까지 지켜보아야 신용할 수 있게 되었다. 재여로 인해 사람에 대한 태도가 바뀌었다.

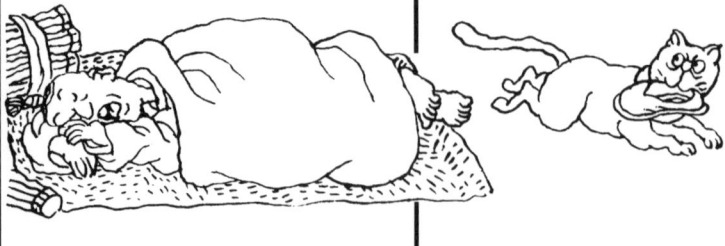

子曰자왈:
吾未見剛者오미견강자.
或對曰혹대왈:
申棖신정.
子曰자왈:
棖也慾정야욕, 焉得剛언득강?

공자가 말했다. 나는 아직까지 강직불굴한 사람을 보지 못했다. 어떤 사람이 물었다.

그럼, 신정은 어떻습니까?

공자가 말했다. 신정은 욕심이 많거늘 어찌 강직불굴한 사람이라 할 수 있겠는가?

제5편 공야장公冶長

子貢曰^{자공왈}: 我不欲人之加諸我也^{아불욕인지가저아야},
吾亦欲無加諸人^{오역욕무가저인}.
子曰^{자왈}: 賜也^{사야}, 非爾所及也^{비이소급야}.
子貢曰^{자공왈}:
夫子之文章^{부자지문장}, 可得而聞也^{가득이문야}.
夫子之言性與天道^{부자지언성여천도},
不可得而聞也^{불가득이문야}.

자공이 말했다. 다른 사람이 제게 강요하는 것을 원치 않듯이, 저 역시 다른 사람을 강요하고 싶지 않습니다. 공자가 말했다. 사(자공)야, 그건 네가 할 수 있는 일이 아닐 것 같구나.

자공이 말했다. 사람의 도리와 의례에 대한 선생님의 가르침은 직접 들을 수 있었지만, 인간의 본질과 자연법칙에 대한 견해는 들을 기회가 없었습니다.

子貢問曰자공문왈:
孔文子何以謂之文也공문자하이위지문야?
子曰자왈:
敏而好學민이호학, 不恥下問불치하문,
是以謂之文也시이위지문야.

자공이 물었다. 공문자孔文子는 어째서 '문文'이라는 시호를 받았습니까? 공자가 대답했다. 공문자는 총명하고 학문을 사랑하였다. 또한 아랫사람에게 가르침을 청하기를 부끄러워하지 않았다. 그래서 '문文'이라는 시호를 받은 것이다.

공문자孔文子: 위나라 대부, 성은 공孔, 이름은 어圉. '문文'은 시호이다.

시호諡號: 사람이 죽은 다음에 조정이나 친우들에게서 받는 이름. 그 사람의 일생을 요약하고 뛰어난 점을 빛내기 위한 것이다.

제5편 공야장公冶長

子謂子産자위자산, 有君子之道四焉유군자지도사언:
其行己也恭기행기야공, 其事上也敬기사상야경,
其養民也惠기양민야혜, 其使民也義기사민야의.

공자가 자산子産을 평가하며 말했다. 그는 군자의 풍격에 맞는 네 가지 덕을 지니고 있다. 첫째, 자신의 몸가짐을 엄히 다스리고 겸손하다. 둘째, 윗사람을 섬기는 자세가 공순하다.

셋째, 백성을 보살피고 은혜를 베푼다. 넷째, 사역을 시킬 때는 인정과 도리를 다한다.

자산子産: 정나라의 재상 공손교公孫僑. 자는 자산으로 22년 동안 집권하였다.

季文子三思而後行계문자 삼사이후행,
子聞之자문지, 曰왈:
再재, 斯可矣사가의.

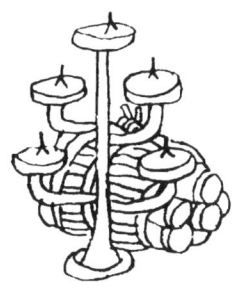

계문자季文子는 무슨 일이든 여러 번 거듭 생각하고 실행에 옮겼다.

너무 주도면밀하면 종종 실행에 이르지 못하는 법이지.

계문자

공자는 계문자 이야기를 듣고 말했다. 두 번 생각하면 충분하다.

공자

계문자季文子: 노나라 대부 계손행부季孫行父. 신중함이 지나쳐 우유부단한 것으로 유명했다. 공자가 태어나기 17년 전에 사망했다.

子曰자왈:
甯武子邦有道則知영무자방유도즉지,
邦無道則愚방무도즉우.
其知可及也기지가급야,
其愚不可及也기우불가급야.

공자가 말했다. 위나라 대부 영무자甯武子는 나라가 태평할 때는 총명함을 발휘했다. 	하지만 나라가 어지러울 때는 어리석은 사람이었다. 
그런 총명함은 남들이 따라잡을 수 있다. 	그렇지만 어리석은 행동은 다른 사람이 따라잡을 수 없다. 

子曰자왈:
伯夷백이, 叔齊不念舊惡숙제불념구악,
怨是用希원시용희.

공자

공자가 말했다. 백이와 숙제는 과거의 원한을 마음에 담아두지 않았기 때문에, 다른 사람들의 그들에 대한 원한 역시 적었다.

백이伯夷, 숙제叔齊: 상나라 말기 고죽국의 왕자로 서로 왕위를 양보하다가 함께 주나라 땅으로 도주하였다. 주나라 무왕이 주왕을 토벌하는 것을 말렸다. 나중에 주나라 조粟를 먹지 않겠다며 수양산에서 굶어 죽었다.

숙제

백이

제5편 공야장公冶長

子曰자왈:
孰謂微生高直수위미생고직?
或乞醯焉혹걸혜언,
乞諸其隣而與之걸저기린이여지.

공자가 말했다. 누가 미생고微生高를 곧은 사람이라고 했는가? 어떤 사람이 식초를 얻으려고 찾아오자 그는 없다고 말하지 않고 이웃집에서 식초를 빌려다 주었다고 한다.

이건 우리집에서 빌린 거예요!

미생고微生高: 노나라 사람으로 성은 미생, 이름은 고이다. 정직하고 신용을 중시한 것으로 유명하다. 한 여자와 다리 아래서 만나기로 약속했는데, 물이 불어나는 중에도 약속을 지키기 위해 자리를 뜨지 않아 익사했다고 전한다.

子曰자왈:
巧言교언, 令色영색, 足恭주공,
左丘明恥之좌구명치지, 丘亦恥之구역치지.
匿怨而友其人익원이우기인,
左丘明恥之좌구명치지,
丘亦恥之구역치지.

공자가 말했다. 감언이설, 위선적인 얼굴, 지나친 공손을 좌구명左丘明이 수치로 여겼거니와 나 역시 수치로 여긴다.

내심으로 원망하면서도 친한 척하는 것을 좌구명은 수치로 여겼다. 나 또한 그것을 수치로 여긴다.

좌구명左丘明: 노나라 태사太史. 《춘추좌씨전》과 역사서 《국어》를 그가 지었다는 설이 있지만, 사실이 아닐 가능성이 높다. 맹인이었다는 이야기도 전한다.

제5편 공야장公冶長

顏淵안연, 季路侍계로시. 子曰자왈: 盍各言爾志합각언이지?
子路曰자로왈: 願車馬衣輕裘원거마의경구,
與朋友共여붕우공. 敝之而無憾폐지이무감.
顏淵曰안연왈: 願無伐善원무벌선, 無施勞무시로.
子路曰자로왈: 願聞子之志원문자지지.
子曰자왈: 老者安之노자안지, 朋友信之붕우신지,
少者懷之소자회지.

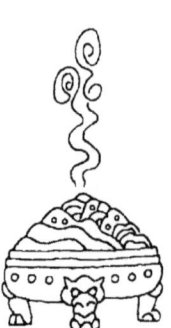

너희들이 소망하는 것이 무엇이냐?

공자

안연顏淵(안회)과 계로季路(자로)가 공자와 한자리에 앉아 있었다. 공자가 말했다. 너희들이 소망하는 바를 각자 말해 보거라.

자로가 말했다. 제 자신의 수레와 말, 가볍고 따뜻한 모피 외투를 갖고 싶습니다. 이들 물건을 벗들과 함께 쓰다가 망가지거나 해어져도 아쉬움이 없을 것입니다.

안연이 말했다. 저는 잘하는 것을 자랑하지 않고, 제가 져야 할 응분의 책임을 지는 사람이 되고 싶습니다.

자로가 말했다. 선생님께서 소망하시는 것은 무엇인지 듣고 싶습니다.

공자가 말했다. 노인들이 나를 편안히 여기고, 벗들에게는 신뢰를 주고, 젊은이들이 존경하는 사람이 되고 싶다.

子曰자왈: 已矣乎이의호,
吾未見能見其過而內自訟者也 오미견능견기과이내자송자야.
子曰자왈:
十室之邑 십실지읍,
必有忠信如丘者焉 필유충신여구자언,
不如丘之好學也 불여구지호학야.

공자가 말했다. 이 나이가 되도록 자신의 과실을 인정하고 진심을 담아 반성하는 사람은 보지 못했다.

공자가 말했다. 열 가구 남짓한 작은 마을에도 틀림없이 나 정도의 신실한 사람은 있을 것이다. 하지만 나만큼 학문을 좋아하는 사람이 있을지는 모르겠다.

제6편 옹야雍也

哀公問애공문: 弟子孰爲好學제자숙위호학?
孔子對曰공자대왈:
有顔回者好學유안회자호학, 不遷怒불천노, 不貳過불이과.
不幸短命死矣불행단명사의.
今也則亡금야즉무, 未聞好學者也미문호학자야.

노애공

노나라 애공이 공자에게 물었다. 제자들 중에 누가 가장 학문을 좋아합니까? 공자가 대답했다. 안회라는 제자가 학문을 좋아했습니다. 그는 마음의 화를 다스릴 줄 알았고, 같은 잘못을 반복하지 않았습니다.

불행히도 단명하고 말아 지금은 세상에 없습니다. 그만큼 학문을 좋아하는 사람을 이제껏 본 적이 없습니다.

하늘도 무심하시지!

子謂仲弓曰 자위중궁왈:
犁牛之子騂且角 이우지자성차각,
雖欲勿用 수욕물용,
山川其舍諸 산천기사저?

공자는 중궁(仲弓(염옹冉雍)을 이렇게 평했다. 밭갈이 소가 낳은 송아지라도 털빛이 붉고, 뿔이 아름다우면 사람들이 제물로 쓰지 않으려 해도, 제사를 받는 산천이 어찌 그냥 내버려두겠느냐.

이우犁牛: 경작용 소를 가리키며 희생(공물)으로 사용될 자격이 없었다. 주나라 때는 붉은색을 숭상해 털이 붉은 소를 공물로 썼다. 공자의 뜻은 염옹처럼 낮은 신분이라도 출신을 구별하지 말고 인재를 발탁하자는 것이었다.

季康子問계강자문: 仲由可使從政也與중유가사종정야여?
子曰자왈: 由也果유야과, 於從政乎何有어종정호하유?
曰왈: 賜也可使從政也與사야가사종정야여?
曰왈: 賜也達사야달, 於從政乎何有어종정호하유?
曰왈: 求也可使從政也與구야가사종정야여?
曰왈: 求也藝구야예, 於從政乎何有어종정호하유?

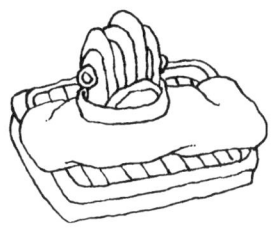

공자가 말했다. 중유는 결단력이 뛰어난데 정사를 맡긴들 무슨 문제가 되겠습니까?

계강자季康子가 공자에게 물었다. 중유(자로)에게 대부직을 맡겨도 되겠습니까?

중유

단목사

계강자가 다시 물었다. 단목사(자공)에게 대부직을 맡겨도 되겠습니까?

공자가 말했다. 단목사는 사리에 밝은데 정사를 맡긴들 무슨 문제가 되겠습니까?

계강자

공자

제6편 옹야雍也

계강자가 다시 물었다. 구求(염유)에게 대부직을 맡겨도 되겠습니까?

공자가 말했다. 구는 다재다능한데 정사를 맡긴들 무슨 문제가 되겠습니까?

계강자季康子: 계손비季孫肥. 공자가 위나라에서 노나라로 돌아왔을 때 노나라의 상경(재상)을 맡고 있던 계강자는 인재를 추천할 수 있는 입장이었다.

위정자를 군君, 대신을 경卿, 경을 보좌하는 관리를 대부라고 했지.

子曰자왈: 賢哉回也현재회야,
一簞食일단사, 一瓢飮일표음,
在陋巷재루항, 人不堪其憂인불감기우,
回也不改其樂회야불개기락.
賢哉回也현재회야.

공자가 말했다. 안회는 품성이 참으로 뛰어나구나. 대나무 밥그릇 속의 거친 밥과 맑은 물 한 바가지로 끼니를 해결하고, 누추하고 비좁은 집에 사느라 보통사람이라면 견디기 어려운 힘든 생활일 텐데도, 자신의 즐거움을 잃지 않는구나. 참으로 훌륭한 품성이다.

안회

冉求曰염구왈:
非不說子之道비불열자지도, 力不足也역부족야.
子曰자왈: 力不足者역부족자,
中道而廢중도이폐.
今女畫금여획.

염구가 말했다. 저는 선생님의 방식에 찬성하지 않는 게 아니라, 힘이 부족해 따라가기 어려울 것 같습니다.

공자가 말했다. 역량이 부치면 따라가다가 도중에 낙오하는 법인데, 너는 지금 스스로 설정해놓은 땅에서 발도 떼려고 하지 않는구나.

子游爲武城宰자유위무성재.
子曰자왈:
女得人焉爾乎여득인언이호?
曰왈: 有澹臺滅明者유담대멸명자,
行不由徑행불유경, 非公事비공사,
未嘗至於偃之室也미상지어언지실야.

자유子游가 무성현의 장관이 되었다. 공자가 물었다. 너는 거기서 어떤 인재를 얻었느냐? 자유가 대답했다. 담대멸명澹臺滅明이라는 사람이 있는데, 정도를 벗어난 지름길을 택하거나 하는 일이 일체 없습니다.

공무 이외의 일로는 장관인 제 방에 찾아온 적도 없습니다.

담대멸명澹臺滅明: 자는 자우字羽. 공자보다 서른아홉 살 젊은 제자로, 당시에는 공자 문하에 들어가지 않았다.

子曰자왈:
孟之反不伐맹지반불벌,
奔而殿분이전, 將入門장입문,
策其馬曰책기마왈:
非敢後也비감후야,
馬不進也마불진야.

공자가 말했다. 맹지반孟之反은 결코 자기자랑을 하지 않았다. 노나라군이 패주했을 때, 그는 부대의 가장 후미를 지켰다. 성문에 들어설 때 말에 채찍질하며 그는 환호하는 사람들에게 말했다.

내가 일부러 나서서 후위를 맡은 것이 아니라 말이 느렸기 때문이오.

맹지반孟之反: 다른 이름은 맹지측孟之側으로 노나라의 대부였다.

子曰자왈:
質勝文則野질승문즉야,
文勝質則史문승질즉사.
文質彬彬문질빈빈,
然後君子연후군자.

공자가 말했다. 본바탕 실질(소박한 인품)이 장식(예의)보다 강하면 투박하다.

장식이 실질보다 강하면 겉모양만 번드르르하다.

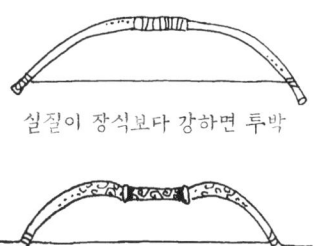

실질이 장식보다 강하면 투박

장식이 실질보다 강하면 겉치레

소박한 인품에 예를 갖춘 아름다움이 있어야 군자라고 할 수 있다.

제6편 옹야雍也

子曰자왈:
人之生也直인지생야직,
罔之生也幸而免망지생야행이면.
子曰자왈:
知之者不如好之者지지자불여호지자,
好之者不如樂之者호지자불여락지자.

공자가 말했다. 사람이 세상을 살면서 의지해야 할 것은 정직이다.	부정직한 사람이 생존하는 것은 요행히 재앙을 면하는 것뿐이다.

공자가 말했다. 지식이 있는 사람도 배우기를 좋아하는 사람은 따라가지 못한다.	배우기를 좋아하는 사람도 그것을 즐기는 사람은 따라가지 못한다.

樊遲問知번지문지.
子曰자왈: 務民之義무민지의,
敬鬼神而遠之경귀신이원지,
可謂知矣가위지의.
問仁문인. 曰왈:
仁者先難而後獲인자선난이후획,
可謂仁矣가위인의.

번지樊遲가 지자知者의 처신에 대한 가르침을 청했다.

공자가 말했다. 인민들이 인의를 지키고, 조상과 자연을 경배하도록 하는 것이다. 하지만 조상과 자연의 도움을 기대하게 해서는 안된다.

번지가 다시 인자仁者의 처신에 대해 물었다. 공자가 말했다. 인자는 어려운 일에 솔선해서 뛰어들지만 당장의 대가를 바라지 않는다. 그것이 인자의 처신이라고 할 수 있다.

제6편 옹야雍也

子曰자왈:
知者樂水지자요수, 仁者樂山인자요산.
知者動지자동, 仁者靜인자정.
知者樂지자락, 仁者壽인자수.

공자

공자가 말했다. 지자는 물을 좋아하고, 인자는 산을 좋아한다. 지자는 물처럼 유동적인 상황에 대처하기 위해 사유가 활발히 작동하지만, 인자는 산처럼 침착하고 신중하다. 지자는 삶을 즐기고, 인자는 천수를 누린다.

宰我問曰재아문왈:
仁者인자, 雖告之曰수고지왈:
井有仁焉정유인언, 其從之也기종지야?
子曰자왈: 何爲其然也하위기연야?
君子可逝也군자가서야, 不可陷也불가함야;
可欺也가기야, 不可罔也불가망야.

재아宰我가 공자에게 물었다. 인자라면 '우물에 사람이 빠졌다'는 소리를 들으면 구조를 위해 곧바로 우물 속으로 내려가겠지요?

공자가 말했다. 왜 분별없이 그런 짓을 하겠느냐?

군자라면 우물가에 가서 상황을 살펴보겠지만, 함께 우물 속에 빠질 수는 없는 것이다.

그럴 듯한 말로 사람을 속일 수는 있어도 판단력까지 흐리게 할 수는 없다.

子曰자왈:
中庸之爲德也중용지위덕야,
其至矣乎기지의호!
民鮮久矣민선구의.

공자가 말했다. 중용中庸은 최고의 도덕적 경지이지만, 사람들이 잊은 지 오래되었다.

中庸

중용中庸: '중'中은 한쪽으로 치우침이 없는 것, '용'庸은 변하지 않는 것이다. '중'은 천하의 정도正道, '용'은 천하의 이치다. 송나라 유학자 정호程顥, 정이程頤 형제는 이렇게 말했다. 즉, 중용이란 불편부당하고 과부족이 없는 태도를 가리킨다. 유가 최고의 도덕규범이다.

子貢曰 자공왈:
如有博施於民而能濟衆 여유박시어민이능제중,
何如하여? 可謂仁乎 가위인호? 子曰 자왈:
何事於仁 하사어인, 必也聖乎 필야성호!
堯舜其猶病諸 요순기유병저!
夫仁者 부인자, 己欲立而立人 기욕립이립인,
己欲達而達人 기욕달이달인.
能近取譬 능근취비,
可謂仁之方也已 가위인지방야이.

자공이 물었다. 널리 인민의 이익을 도모하고 모두의 삶을 행복하게 해줄 수 있는 사람이라면 인자라고 할 수 있습니까? 공자가 말했다. 어찌 인자뿐이겠느냐? 반드시 성인이라고 해야 할 것이다.

요

순

요임금이나 순임금 같은 성군도 그렇게 하기는 어려웠지.

공자

인자는 누구인가? 인자는 자신의 몸을 세우면서 동시에 남의 입신을 돕는 사람이다.

자신이 사리에 통달하기 위해 동시에 다른 사람이 통달하도록 돕는 사람이다.

어떤 일이든지 다른 사람의 입장이 되어 생각하고 실행하는 사람이다. 이것이 인을 실천하는 방도라고 할 수 있다.

제7편 술이述而

子曰자왈:
述而不作술이부작, 信而好古신이호고,
竊比於我老彭절비어아노팽.

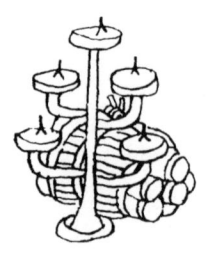

공자가 말했다. 나는 옛 선인의 말씀을 전할 뿐 새로운 것을 창작하지 않는다.

나는 고대의 문화를 진심으로 믿고 좋아한다. 나 자신을 암암리에 우리가 존경하는 노팽老彭에 견주어보곤 한다.

노팽

술이부작述而不作: 서주시대에 이미 높은 문화가 완성되었다고 생각한 공자는 자신의 사명을 선인의 말씀을 후대에 전하는 것으로 생각했다.

노팽老彭: 상나라의 대부이자 장수한 인물이라는 설이 있다. 공자는 자신이 상나라의 후예라서 노팽에 특별히 친근감을 느꼈던 듯하다.

子曰자왈:
默而識之묵이지지, 學而不厭학이불염,
誨人不倦회인불권, 何有於我哉하유어아재?
子曰자왈:
德之不脩덕지불수, 學之不講학지불강,
聞義不能徙문의불능사, 不善不能改불선불능개,
是吾憂也시오우야.

공자가 말했다. 보고 들은 것을 묵묵히 마음에 새기고, 열심히 공부하며 싫증을 낸 적이 없다.

공자

제자들을 가르치면서 힘들다고 느낀 일이 없거늘, 무슨 어려움이 있겠는가?

공자가 말했다. 덕행을 수양하지 않는 일, 학문 지도에 성과를 내지 못하는 일, 해야 할 일을 실천하지 않는 일,

공자

결점을 고치지 못하는 일, 이런 일들이 내가 걱정하는 것이다.

제7편 술이述而

子曰자왈:
志於道지어도, 據於德거어덕,
依於仁의어인. 游於藝유어예.

공자가 말했다. 바른 길에 뜻을 두어라.

도덕에 기초를 두어라.

인仁에 의지하라.

예禮, 악樂, 사射, 어御, 서書, 수數의 육예를 도야하라.

禮樂射御書數

子曰자왈:
自行束脩以上자행속수이상,
吾未嘗無誨焉오미상무회언.

공자가 말했다. 속수束脩의 예법에 따라 말린고기 1속束이라도 지참한 사람이면 직접 가르치지 않은 적이 없다.

속수束脩: 수脩는 말린고기를 가리킨다. 첫 만남을 위해 준비하는 가장 손쉬운 예물이었다. 옛날에는 '예물을 지참하지 않으면 만나지 않는다'는 말이 있을 만큼, 만나는 상대에 대한 경의의 표시로 인식되었다. 공자도 이러한 예의에 따랐던 것이다.

제7편 술이述而

子曰자왈:
不憤不啓불분불계, 不悱不發불비불발.
擧一隅不以三隅反거일우불이삼우반,
則不復也즉불부야.

공자가 말했다. 제자들을 가르치는데 본인이 스스로 구하려고 하나 길을 찾지 못하는 경우가 아니라면 깨우치지 못한다.

스스로 표현하고 싶어도 표현하지 못하는 경우가 아니라면 길은 열리지 않는다.

네 귀퉁이 가운데 하나를 가르쳐 남은 세 귀퉁이를 미루어 알지 못하면, 그 이상 가르칠 가치가 없다.

子謂顏淵曰자위안연왈: 用之則行용지즉행,
舍之則藏사지즉장, 惟我與爾有是夫유아여이유시부!
子路曰자로왈: 子行三軍則誰與자행삼군즉수여?
子曰자왈: 暴虎馮河포호빙하, 死而無悔者사이무회자,
吾不與也오불여야. 必也臨事而懼필야임사이구,
好謀而成者也호모이성자야.

공자가 안연에게 말했다. 등용되면 자기 주장을 펴고, 등용되지 않으면 마음 편히 기다린다. 이는 나와 너만이 할 수 있는 일이다.

자로가 끼어들며 물었다. 선생님께서 삼군을 이끌고 전쟁에 나가시게 된다면 누구와 함께 가시겠습니까?

공자가 말했다. 맨손으로 호랑이와 맞서고 걸어서 강을 건너다가 죽어도 후회하지 않는다는 사람과는 함께하지 않을 것이다.

누군가와 함께한다면 매사를 조심하고 계획을 잘 세워 성공하는 사람이어야 한다.

子曰자왈:
富而可求也부이가구야,
雖執鞭之士수집편지사, 吾亦爲之오역위지.
如不可求여불가구, 從吾所好종오소호.

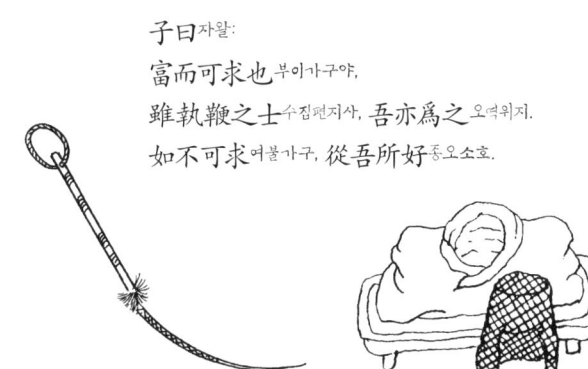

공자가 말했다. 부富를 추구해도 도에 반하지 않는다면 채찍을 휘두르는 마부 일이라도 기꺼이 했을 것이다.

콩자

하지만 그런 것이 아니라면 내가 좋아하는 일을 할 것이다.

집편執鞭: 주례에 의하면 두 가지 뜻이 있다. 하나는 천자와 제후를 위해 길을 선도하는 시종 마부로 2~8명이 담당했다. 다른 하나는 시장의 질서를 유지하는 관리다.

콩자

제7편 술이述而

子在齊聞韶자재제문소,
三月不知肉味삼월부지육미.
曰왈:
不圖爲樂之至於斯也부도위악지지어사야.

공자

공자는 제나라에서 소韶라는 음악의 연주를 들었다. 수준 높은 음악에 심취해 한동안 고기 맛을 잊고 지냈다. 공자가 말했다. 순임금 시대의 음악이 이렇게까지 사람을 매료시킬 줄은 생각도 하지 못했다.

子曰자왈:
飯疏食飮水반소사음수,
曲肱而枕之곡굉이침지
樂亦在其中矣낙역재기중의.
不義而富且貴불의이부차귀,
於我如浮雲어아여부운.

공자가 말했다. 거친 음식을 먹고 찬물을 마시며, 팔베개를 하고 잠을 청해도 즐거움이 그 안에 있다.

부정한 수단으로 얻은 재산은 내게 뜬구름과 같을 뿐이다.

子曰자왈:
加我數年가아수년,
五十以學易오십이학역,
可以無大過矣가이무대과의.
子所雅言자소아언,
詩書執禮시서집례,
皆雅言也개아언야.

공자가 말했다. 앞으로 몇 년이 흘러 내 나이 오십에 《주역》을 배운다면 큰 실수 없이 지낼 수 있을 것이다.

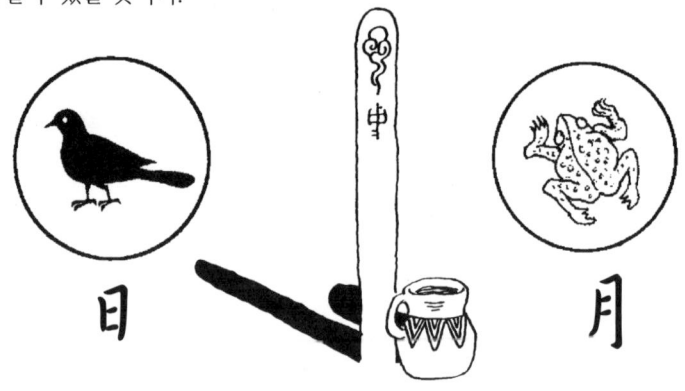

공자는 《시경》, 《서경》을 읽을 때와 예법을 집행할 때는 표준어를 사용했다.

葉公問孔子於子路섭공문공자어자로,
子路不對자로불대.
子曰자왈:
女奚不曰여해불왈: 其爲人也기위인야,
發憤忘食발분망식, 樂以忘憂낙이망우,
不知老之將至云爾부지로지장지운이

초나라의 현자 섭공葉公이 자로에게 공자의 사람됨을 물었다. 자로는 한동안 대답을 하지 못했다.

공자가 말했다. 너는 어찌 대답을 하지 않았느냐? 그 사람은 학문에 열중할 때는 침식을 잊고, 바른 도의 즐거움 속에서 근심을 잊고 살며, 곧 노년이 다가오는 것도 알아차리지 못하는 사람이라고.

子曰자왈:
我非生而知之者아비생이지지자,
好古호고, 敏以求之者也민이구지자야.
子不語자불어:
怪力亂神괴력난신.

공자가 말했다. 태어나면서부터 내가 지식을 가지고 있었던 것은 아니다. 고대의 문화를 애호하고, 부지런히 학문을 연마한 덕분이다.

공자는 괴이怪, 폭력力, 모반亂, 신비神 같은 부류의 일은 입에 올리는 법이 없었다.

괴이한 것은 사람을 미혹에 빠뜨리고, 폭력은 덕을 망각시키고, 모반은 질서를 어지럽히고, 신비는 망상에 빠지게 하기 때문이다. 공자는 통상의 도리를 주장하였다.

子曰자왈: 三人行삼인행,
必有我師焉필유아사언.
擇其善者而從之택기선자이종지,
其不善者而改之기불선자이개지.
子曰자왈: 天生德於予천생덕어여,
桓魋其如予何환퇴기여여하?

공자가 말했다. 여러 사람이 함께 길을 가다 보면 그 중에는 반드시 본받을 만한 사람이 있다.

그의 장점을 취하여 배우고 단점을 거울 삼아 나의 결점을 고칠 것이다.

공자는 조나라를 떠나 송나라에 이르렀다. 송나라의 사마 환퇴桓魋가 공자를 시해하려 해 공자는 그곳을 떠나야 했다.

제자들이 빨리 떠나자고 재촉하자 공자가 말했다. 하늘이 내게 가치 있는 일을 기대하고 있다면 환퇴 따위가 무슨 해를 끼칠 수 있겠는가?

제7편 술이述而

子曰자왈:
仁遠乎哉?인원호재
我欲仁아욕인, 斯仁至矣사인지의.
子曰자왈:
文문, 莫吾猶人也막오유인야?
躬行君子궁행군자,
則吾未之有得즉오미지유득.

공자가 말했다. 인仁이 우리에게서 멀리 떨어져 있는 것일까? 아니다. 우리가 바라면 인은 바로 다가올 것이다.

공자가 말했다. 책에서 배운 지식은 나도 남 못지 않을 것이다. 하지만 실제의 군자답게 실천하는 경지에는 아직 이르지 못했다.

子曰자왈:
君子坦蕩蕩군자탄탕탕,
小人長戚戚소인장척척.
子溫而厲자온이려,
威而不猛위이불맹,
恭而安공이안.

공자가 말했다. 군자는 마음에 구애됨이 없고 누긋하다.

공자는 온화하면서 준엄하고, 위엄이 넘치되 큰소리를 내지 않으며, 겸허하면서 점잖았다.

소인은 늘 걱정하고 오만상을 찌푸린다.

제8편 태백泰伯

曾子有疾증자유질,
召門弟子曰소문제자왈:
啓予足계여족! 啓予手계여수!
詩云시운: 戰戰兢兢전전긍긍,
如臨深淵여림심연, 如履薄氷여리박빙.
而今而後이금이후, 吾知免夫오지면부.
小子소자!

중태에 빠진 증자曾子가 제자들을 침대로 불러모아 말했다. 내 발과 손을 살펴보아라.

《시경》 소아편에 얼굴을 내밀며 깊은 연못을 들여다보듯이, 살얼음 위를 걷듯이, 조심하고 신중하라는 말이 있다.

제자들이여, 이제야 나는 신체를 훼손해 불효하지나 않을까 하는 걱정에서 벗어나는 몸이 되었구나.

曾子有疾증자유질, 孟敬子問之맹경자문지.
曾子言曰증자언왈: 鳥之將死조지장사, 其鳴也哀기명야애;
人之將死인지장사, 其言也善기언야선.
君子所貴乎道者三군자소귀호도자삼:
動容貌동용모, 斯遠暴慢矣사원포만의;
正顔色정안색, 斯近信矣사근신의;
出辭氣출사기, 斯遠鄙倍矣사원비배의.
籩豆之事변두지사, 則有司存즉유사존.

증자가 중병에 걸렸을 때 맹경자孟敬子가 병문안을 왔다. 증자가 말했다. 새는 죽을 때 우는 소리가 애잔하고, 사람은 죽음에 이르러 하는 말이 정직하다는 말이 있습니다.

군자는 세 가지의 도를 지켜야 합니다. 우선, 행동거지가 엄숙해야 합니다. 그래야 폭력과 태만함을 멀리 할 수 있습니다.

다음은 내면이 드러나는 얼굴 표정에 주의를 기울이는 일입니다. 그래야 사람들에게 진심을 전할 수 있습니다.

그리고 부드럽게 말해야 속됨과 실수를 피할 수 있습니다.

예의작법에 관한 소소한 일은 사무담당자에게 맡기는 게 좋을 것입니다.

曾子曰증자왈:
可以託六尺之孤가이탁육척지고,
可以寄百里之命가이기백리지명,
臨大節而不可奪也임대절이불가탈야.
君子人與군자인여?
君子人也군자인야.

증자가 말했다. 안심하고 어린 고아를 맡길 수 있는 사람이 있다.

국가의 운명도 맡길 수 있다.

중대한 시련 앞에서 절개를 굽히지 않는다. 이런 사람은 군자인가? 명백히 군자다.

육척지고六尺之孤: 6척은 138㎝에 해당해 열다섯 살 아래의 어린이를 가리킨다.
백리百里: 둘레가 백 리라는 의미로 제후국을 의미한다.

제8편 태백泰伯

曾子曰 증자왈:
士不可以不弘毅 사불가이불홍의,
任重而道遠 임중이도원.
仁以爲己任 인이위기임,
不亦重乎 불역중호?
死而後已 사이후이, 不亦遠乎 불역원호?

증자

증자가 말했다. 선비는 도량이 넓고 강직해야 한다. 어깨에 짊어진 책임이 무겁고 갈 길이 멀기 때문이다.

'인仁'의 실현을 자신의 임무로 삼았으니 그 책임이 어찌 무겁지 않겠는가?

목숨이 다한 다음에야 책임에서 벗어날 수 있으니, 그 길이 어찌 멀지 않겠는가?

子曰자왈:
好勇疾貧호용질빈, 亂也난야.
人而不仁인이불인, 疾之已甚질지이심 亂也난야.
子曰자왈:
如有周公之才之美여유주공지재지미,
使驕且吝사교차인,
其餘不足觀也已기여부족관야이.

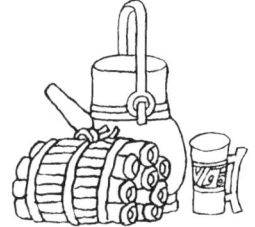

공자가 말했다. 무용武勇을 자랑하는 자가 가난을 견딜 수 없게 되면 반란을 일으킬 수 있다.

정도를 걷지 않는 사람이라고 너무 미워하면 난동을 부릴 수 있다.

공자가 말했다. 주공周公만큼이나 뛰어난 재능을 지니고 있는 사람이라도 교만하고 인색하면 그 나머지는 더 볼 것이 없다.

제8편 태백泰伯

子曰자왈:
禹우, 吾無間然矣오무간연의.
菲飮食而致孝乎鬼神비음식이치효호귀신,
惡衣服而致美乎黻冕악의복이치미호불면;
卑宮室而盡力乎溝洫비궁실이진력호구혁.
禹우, 吾無間然矣오무간연의.

공자가 말했다. 우임금은 흠잡을 곳이 없다. 자신의 식사 비용을 아껴 제물을 풍족하게 장만하였다.

우임금에 대해서는 비판할 게 전혀 없다.

궁전을 치장하는 대신에 치수공사에 있는 힘을 기울였다.

제9편 자한子罕

子罕言利與命與仁자한언리여명여인.
達巷黨人曰달항당인왈: 大哉孔子대재공자!
博學而無所成名박학이무소성명.
子聞之자문지, 謂門弟子曰위문제자왈:
吾何執오하집? 執御乎집어호?
執射乎집사호? 吾執御矣오집어의.

공자는 재산이나 이익에 관해 말하는 경우는 매우 드물었고, 오직 천명과 인덕仁德에 관해 말할 뿐이었다.

달항에 사는 사람이 말했다. 공자는 참으로 위대하다. 아쉬운 점은 학문이 그렇게 박학한데도 이름난 특기가 없는 것이다.

공자가 그 말을 듣고 농담을 섞어 제자들에게 말했다. 무슨 특기를 보여달라는 거지? 마부가 좋을까, 아니면 활솜씨가 좋을까? 나는 마차를 끌고 사냥을 나갈 때 기꺼이 마부가 될 것이다.

子絶四자절사:
毋意무의, 毋必무필,
毋固무고, 毋我무아.

공자는 보통사람이 자주 범하는 다음과 같은 네 가지 결점이 전혀 없었다.

공자

근거 없이 판단하는 일이 없었다.

자신이 절대로 옳다고 생각하는 일이 없었다.

고집을 부리는 일이 없었다. 그리고 안하무인의 아집에 빠지는 일이 없었다.

子畏於匡 자외어광, 曰왈:
文王旣沒 문왕기몰, 文不在玆乎 문부재자호?
天之將喪斯文也 천지장상사문야,
後死者不得與於斯文也 후사자부득여어사문야;
天之未喪斯文也 천지미상사문야,
匡人其如予何 광인기여여하?

광匡 지방에서 군중들에게 포위되었을 때 공자가 말했다. 주나라 문왕이 세상을 뜬 다음 그 문화유산은 모두 내게 있지 않은가.

공자

하늘이 이 문화를 멸망시키려 한다면, 그것을 내게 전했을 리 없다.

하늘이 이 문화를 멸망시키려 하지 않는다면, 이곳 사람들이 나를 어찌하겠느냐?

광匡: 노나라 양화陽貨의 침공을 받은 땅으로, 공자의 용모가 양화와 비슷해 공자를 포위하였다.

오해였습니다. 용서해주십시오.

제9편 자한子罕

子曰 자왈:
吾有知乎哉 오유지호재?
無知也 무지야.
有鄙夫問於我 유비부문어아,
空空如也 공공여야.
我叩其兩端而竭焉 아고기양단이갈언.

공자가 말했다. 내가 아는 것이 있겠는가. 아니다. 촌사람이 질문을 던져도 나는 한순간 막막할 것이다.

나는 단지 그 질문의 처음과 끝을 자세히 살펴 생각해보고, 상대방이 질문하는 이유를 알아낸 다음, 될 수 있는 한 정중히 대답할 뿐이다.

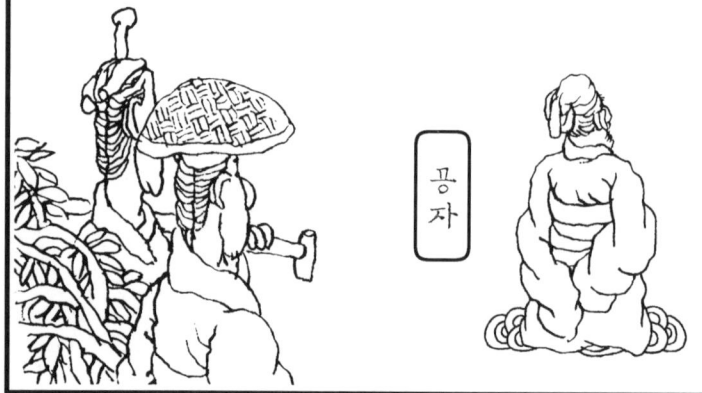

子曰자왈:
鳳鳥不至봉조부지,
河不出圖하불출도,
吾已矣夫오이의부!

봉황새鳳鳥: 상서로움을 상징하는 새. 봉황새가 나타나면 태평성대가 온다고 전한다.

공자가 말했다. 봉황새가 날아오지 않고, 황하에서 하도河圖도 다시 나타나지 않는구나. 내 일생도 모두 끝나버린 것인가?(하夏, 상商, 주周 삼대에 걸쳐 영명한 군주가 다스리던 태평성대에 이르지 못하고 마는 것인가?)

제9편 자한子罕

顏淵喟然歎曰안연위연탄왈:
仰之彌高앙지미고, 鑽之彌堅찬지미견,
瞻之在前첨지재전, 忽焉在後홀연재후.
夫子循循然善誘人부자순순연선유인,
博我以文박아이문, 約我以禮약아이례,
欲罷不能욕파불능, 旣竭吾才기갈오재.
如有所立卓爾여유소립탁이.
雖欲從之수욕종지, 末由也已말유야이.

안연이 탄식하며 말했다. 선생님의 품덕과 학식은 우러러볼수록 높고, 파고들수록 그 깊이를 알기 어렵다. 눈앞에 있는가 하면 어느새 뒤에 있다. 체계적으로 능숙하게 우리를 이끌어, 옛 전적과 현인의 말씀으로 견문을 넓혀주고, 예의범절로 행동이 규범에 맞도록 일깨워주신다. 그만두려 해도 그만둘 수가 없어서 힘닿는 데까지 최선을 다했다. 마치 눈앞에 우뚝 솟은 지극히 높은 존재 같아서, 선생님을 따라 그곳에 오르고 싶어도 길을 찾을 수가 없다.

子疾病자질병, 子路使門人爲臣자로사문인위신.
病間병간, 曰: 久矣哉구의재, 由之行詐也유지행사야. 無臣而爲有臣무신이위유신.
吾誰欺오수기? 欺天乎기천호? 且予與其死於臣之手也차여여기사어신지수야,
無寧死於二三子之手乎무녕사어이삼자지수호? 且予縱不得大葬차여종부득대장,
予死於道路乎여사어도로호?

공자의 병이 위독해지자 자로가 자신의 제자들을 시켜 장례치를 사람들을 조직하게 했다.

얼마 후 병세가 조금 회복되자 공자가 자로에게 말했다. 병상에 누운 지 오래 되었군. 네가 또 잔꾀를 부려 나를 속였구나.

子貢曰자공왈: 有美玉於斯유미옥어사,
韞匵而藏諸온독이장저,
求善賈而沽諸구선가이고저?
子曰자왈: 沽之哉고지재, 沽之哉고지재!
我待賈者也아대가자야.

자공이 말했다. 만약 여기에 아름다운 옥이 있다고 하면, 궤 속에 감추어 둘까요? 아니면 물건을 볼 줄 아는 상인을 찾아서 팔까요?

공자가 말했다. 팔아야지. 팔아야 하고말고. 나는 물건을 볼 줄 아는 상인을 기다리고 있는 참이다.

子曰자왈:
出則事公卿출즉사공경,
入則事父兄입즉사부형,
喪事不敢不勉상사불감불면,
不爲酒困불위주곤,
何有於我哉하유어아재?

공자가 말했다. 공적으로는 공경公卿을 섬기고,

할아버지 건강이 많이 좋아지셨어요!

집에 돌아와서는 부형父兄을 섬긴다.

장례식에는 마음을 다해 예를 갖춘다.

술을 과음해 일을 그르치지 않는다. 이런 일이라면 내게 무슨 어려움이 있을까?

子在川上曰 자재천상왈: 逝者如斯夫 서자여사부!
不舍晝夜 불사주야.
子曰 자왈:
吾未見好德如好色者也 오미견호덕여호색자야.

공자가 강가에서 말했다. 세월이 흘러가는 것이 마치 강물 같구나. 밤낮을 가리지 않고 멈추는 법이 없구나.

공자

공자가 말했다. 나는 아직 아름다운 여인을 사랑하듯이 덕행을 수양하기 위해 힘쓰는 사람을 보지 못했다.

제9편 자한 子罕

子曰자왈: 後生可畏후생가외, 焉知來者之不如今也언지래자지불여금야? 四十五十而無聞焉사십오십이무문언, 斯亦不足畏也已사역부족외야이.

공자가 말했다. 젊은 후학들은 경외할 만한 존재다. 그들의 미래가 지금만 못하다고 누가 단정할 수 있겠는가?

그러나 나이 사오십이 되어도 가능성을 보이지 못하는 사람에게는 더 기대할 것이 없다.

子曰자왈: 法語之言법어지언,
能無從乎능무종호?
改之爲貴개지위귀.
巽與之言손여지언, 能無說乎능무열호?
繹之爲貴역지위귀.
說而不繹열이불역, 從而不改종이불개,
吾末如之何也已矣오말여지하야이의.

공자가 말했다. 예법에 맞는 말을 받아들이지 않을 수 있겠는가? 하지만 그 말에 따라 잘못을 바로잡는 것이 훨씬 중요하다.

듣기 좋은 말이 마음에 들지 않을 수 있겠는가? 하지만 그 말 가운데서 진짜와 가짜를 가려내는 것이 중요하다.

만일 듣기만 좋아하지 진위를 구별하지 못하고, 표면적으로 받아들일 뿐 고치지 않는다면, 이런 사람은 어찌할 도리가 없다.

제9편 자한子罕

子曰자왈:
三軍可奪帥也삼군가탈수야,
匹夫不可奪志也필부불가탈지야.

공자가 말했다. 삼군三軍의 거대한 군대와 싸워 그 장수를 사로잡을 수는 있지만, 한 사람의 필부匹夫라도 그 마음을 바꾸게 할 수는 없다.

삼군三軍: 고대의 제도에서 일군一軍은 1만 2,500명이었다. 주나라 시대의 큰 제후국은 삼군까지 보유할 수 있었다.

필부匹夫: 고대의 일반 백성은 일부일처가 기본이었다. 평범한 부부를 '필부필부匹夫匹婦'라고 불렀다.

子曰자왈: 衣敝縕袍의폐온포,
與衣狐貉者立而不恥者여의호학자립이불치자,
其由也與기유야여?
不忮不求불기불구, 何用不臧하용부장?
子路終身誦之자로종신송지.
子曰자왈: 是道也시도야, 何足以臧하족이장?

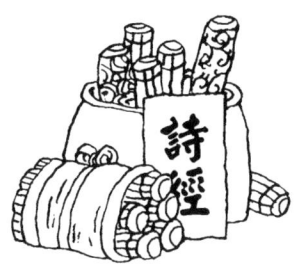

공자가 말했다. 해진 솜옷을 입고도 여우나 담비 모피를 몸에 두른 사람과 함께 있으면서 부끄러워하지 않을 사람은 아마 자로 정도일 것이다.

《시경》패풍邶風 가운데 '질투하지도 탐욕을 부리지도 않으니 어찌 훌륭하지 않은가' 하는 시가 있다.

자로는 공자의 말을 듣고는 항상 그 구절을 외우고 다녔다. 공자가 말했다. 좋은 일이기는 하지만, 그렇다고 우쭐해할 일은 아니다.

子曰자왈: 歲寒세한,
然後知松栢之後彫也 연후지송백지후조야.
子曰자왈: 知者不惑지자불혹,
仁者不憂인자불우, 勇者不懼용자불구.

공자가 말했다. 날씨가 추워지고 나서야 소나무와 잣나무가 가장 늦게 잎이 지는 것을 알게 된다.

어진 사람은 근심이 없다.

용감한 사람은 두려움을 모른다.

공자가 말했다. 지혜로운 사람은 미혹되지 않는다.

唐棣之華당체지화,
偏其反而편기반이,
豈不爾思기불이사,
室是遠而실시원이.
子曰자왈: 未之思也미지사야,
夫何遠之有부하원지유?

옛날에 이런 시가 있었다. 산앵두나무 꽃잎 한들한들 나부끼네.

어찌 그대 그립지 않으리오, 그대 머무는 곳이 너무 멀 뿐.

공자가 시를 평하며 말했다. 정말 사무치게 그리우면 멀다는 핑계로 못갈 까닭이 없다.

당체唐棣: 장미과 식물. 인용한 시는 지금의 《시경》에는 실려 있지 않은 사라진 시다.

제10편 향당 鄕黨

孔子於鄕黨공자어향당,
恂恂如也순순여야,
似不能言者사불능언자.
其在宗廟朝廷기재종묘조정,
便便言변변언, 唯謹爾유근이.

공자는 향리에 머물 때면 온화하고 공순한 모습으로 이야기해서 마치 말을 잘 못하는 사람 같았다.

그렇지만 종묘의 제사 자리나 조정에서는 분명하고 유창하면서도 정중히 이야기하였다.

雖疏食菜羹수소사채갱, 瓜祭과제,
必齊如也필제여야.
廐焚구분.
子退朝자퇴조, 曰왈:
傷人乎상인호? 不問馬불문마.

거친 밥과 나물국을 먹으면서도 공자는 으레 감사의 제를 올렸으며, 언제나 그 자태가 엄숙하고 경건하였다.

어떤 음식이라도 먼저 조금씩 덜어 그 음식을 처음 고안해낸 조상들에게 감사를 드렸다.

공자의 집 마구간에 불이 나서 모두 타버렸다. 공자가 조정에서 돌아와서 물었다. 누구 다친 사람은 없소? 말이 어떻게 되었는지는 묻지 않았다.

"다친 사람은 없소?"
"없습니다."

제10편 향당鄕黨

色斯擧矣 색사거의,
翔而後集 상이후집.
曰왈: 山梁雌雉 산량자치,
時哉時哉 시재시재!
子路共之 자로공지,
三嗅而作 삼후이작.

길을 가던 공자 일행이 꿩을 발견하였다. 인기척에 놀란 꿩은 이내 날아올라 공중을 한 바퀴 맴돈 다음 내려앉았다.

공자가 감개무량해하며 말했다. 다리 위의 꿩은 위험을 느끼면 곧바로 날아오른다. 때를 놓치지 않는 기민함이 놀랍구나.

자로는 공자의 말을 듣고 두 손을 모아 꿩에게 경의를 표했다. 꿩은 가벼운 울음소리를 내며 날아갔다.

제11편 선진先進

子曰자왈:
先進於禮樂선진어예악, 野人也야인야.
後進於禮樂후진어예악, 君子也군자야.
如用之여용지, 則吾從先進즉오종선진.

공자가 말했다. 먼저 예악을 배우고 나서 벼슬길에 나서는 것은 재야에 묻혀 있는 사람들이다.

먼저 벼슬을 하고 나서 예악을 배우는 사람은 경대부의 자제들이다.

만약 내게 인재를 등용하라고 한다면 예악을 먼저 배운 사람을 뽑을 것이다.

공자

季路問事鬼神계로문사귀신.
子曰자왈:
未能事人미능사인, 焉能事鬼언능사귀?
曰왈: 敢問死감문사.
曰왈: 未知生미지생, 焉知死언지사.

자로가 신령을 섬기려면 어떻게 하면 좋으냐고 물었다.

공자가 말했다. 산 사람도 잘 섬기지 못하면서 어떻게 죽은 사람을 섬길 수 있겠느냐.

자로가 다시 말했다. 외람되이 묻습니다만 죽음이란 무엇입니까?

공자가 말했다. 삶의 의미도 분명히 알기 어렵거늘 어찌 죽음의 의미를 안다 할 수 있겠느냐.

子曰자왈:
由之瑟奚爲於丘之門유지슬해위어구지문?
門人不敬子路문인불경자로.
子曰자왈:
由也升堂矣유야승당의,
未入於室也미입어실야.

공자

공자가 말했다. 자로가 슬瑟을 연주하는 솜씨를 보니 우리집에 어울리는지 싶구나.

그 말을 들은 다른 제자들은 자로를 존경하지 않게 되었다.

자로

그러자 농담이 지나쳤다고 생각한 공자가 설명했다. 자로는 대청에 올라 연주할 만큼 이미 상당한 수준에 올라 있다. 다만 아직 방안에 들지 못했을 뿐이다.

공자

제11편 선진先進   185

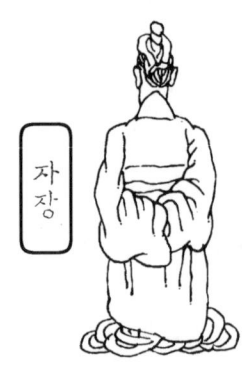
자장

자하

子貢問자공문:
師與商也孰賢사여상야숙현?
子曰자왈:
師也過사야과, 商也不及상야불급.
曰왈: 然則師愈與연즉사유여?
子曰자왈: 過猶不及과유불급.

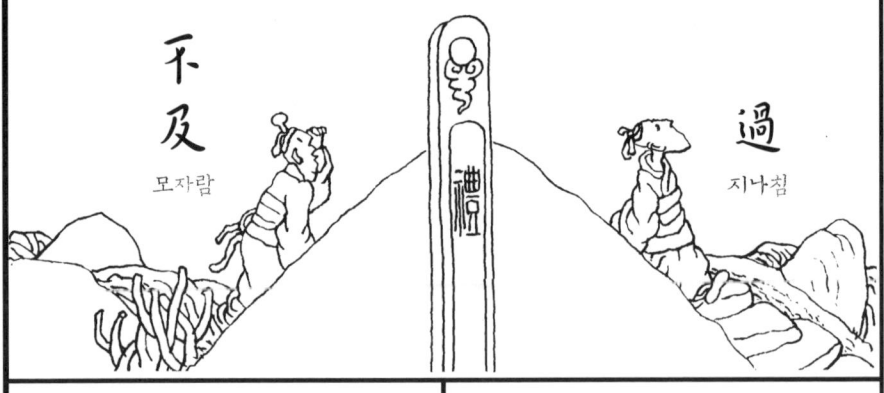

자공子貢이 공자에게 물었다. 사師(자장)와 상商(자하) 가운데 누가 더 뛰어납니까? 공자가 말했다. 사는 지나치고 상은 부족하다.

不及 모자람　　過 지나침

자공이 말했다. 그럼 사가 나은 것입니까?

자공

공자가 말했다. 지나친 것은 모자란 것과 마찬가지다.

季氏富於周公계씨부어주공,
而求也爲之聚斂而附益之이구야위지취렴이부익지.
子曰자왈:
非吾徒也비오도야.
小子鳴鼓而攻之可也소자명고이공지가야.

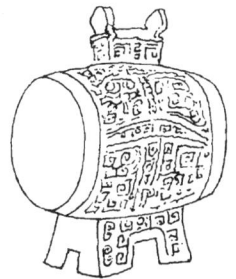

노나라 가신 계씨季氏는 제후인 주공周公보다도 부유했다. 그런데도 염구冉求는 세금을 가혹하게 징수해 그의 재산을 불려주었다.

공자가 말했다. 염구는 더 이상 내 제자가 아니다. 모두들 큰 북을 울리며 그에게 비판의 화살을 퍼부어도 좋다.

子路問자로문: 聞斯行諸문사행저? 子曰자왈: 有父兄在유부형재,
如之何其聞斯行之여지하기문사행지? 冉有問염유문: 聞斯行諸문사행저?
子曰자왈: 聞斯行之문사행지. 公西華曰공서화왈:
由也問聞斯行諸유야문문사행저, 子曰자왈: 有父兄在유부형재;
求也問聞斯行諸구야문문사행저, 子曰자왈: 聞斯行之문사행지.
赤也惑적야혹, 敢問감문. 子曰자왈: 求也退구야퇴,
故進之고진지; 由也兼人유야겸인, 故退之고퇴지.

자로가 물었다. 옳은 말을 들으면 바로 행동으로 옮겨야 합니까? 공자가 말했다. 부모 형제가 살아 있는데 어찌 곧바로 행하겠는가?

염구(염유)가 물었다. 옳은 말을 들으면 바로 행동으로 옮겨야 합니까? 공자가 말했다. 들은 대로 바로 행하거라.

공서화公西華가 물었다. 자로가 물을 때는 부형이 살아계신 것을 생각하라 하시고, 염구가 물을 때는 들은 것을 바로 행하라고 하셨습니다. 무슨 말씀인지 잘 이해가 되지 않습니다.

공자가 말했다. 염구는 소극적인 사람이라 위축되기 때문에 부추긴 것이다.

한편 자로는 지나치게 적극적이고 경솔해 한 발 물러나게 한 것이다.

子路자로, 曾晳증석, 冉有염유, 公西華侍坐공서화시좌.
子曰자왈: 以吾一日長乎爾이오일일장호이, 毋吾以也무오이야.
居則曰거즉왈: 不吾知也불오지야! 如或知爾여혹지이, 則何以哉즉하이재?
子路率爾而對曰자로솔이이대왈: 千乘之國攝乎大國之間천승지국섭호대국지간,
加之以師旅가지이사려, 因之以饑饉인지이기근; 由也爲之유야위지,
比及三年비급삼년, 可使有勇가사유용, 且知方也차지방야. 夫子哂之부자신지.
求구! 爾何如이하여? 對曰대왈: 方六七十방육칠십, 如五六十여오륙십,
求也爲之구야위지, 比及三年비급삼년, 可使足民가사족민. 如其禮樂여기예악,
以俟君子이사군자. 赤적, 爾何如이하여? 對曰대왈: 非曰能之비왈능지, 願學焉원학언.
宗廟之事종묘지사, 如會同여회동, 端章甫단장보, 願爲小相焉원위소상언. 點점,
爾何如이하여? 鼓瑟希고슬희, 鏗爾갱이, 舍瑟而作사슬이작.
對曰대왈: 異乎三子者之撰이호삼자자지찬. 子曰자왈: 何傷乎하상호?
亦各言其志也역각언기지야! 曰왈: 莫春者막춘자, 春服旣成춘복기성,
冠者五六人관자오륙인, 童子六七人동자육칠인, 浴乎沂욕호기, 風乎舞雩풍호무우,
詠而歸영이귀. 夫子喟然歎曰부자위연탄왈: 吾與點也오여점야! 三子者出삼자자출,
曾晳後증석후. 曾晳曰증석왈: 夫三子者之言何如부삼자자지언하여?
子曰자왈: 亦各言其志也已矣역각언기지야이의! 曰왈: 夫子何哂由也부자하신유야?
曰왈: 爲國以禮위국이례, 其言不讓기언불양, 是故哂之시고신지.
唯求則非邦也與유구즉비방야여?
安見方六七十如五六十而非邦也者안견방육칠십여오륙십이비방야자?
唯赤則非邦也與유적즉비방야여? 宗廟會同종묘회동, 非諸侯而何비제후이하?
赤也爲之小적야위지소, 孰能爲之大숙능위지대?

공자

어느 날 자로, 증석曾晳, 염구, 공서화 네 사람이 공자와 한자리에 앉아 있었다. 공자가 말했다. 나는 너희들보다 나이가 몇 살 더 많을 뿐이다. 그러니 기탄없이 말해보거라. 너희들은 평소에 자신을 알아주는 사람이 없다고 푸념하곤 하는데, 만약 누군가가 너희들을 중용한다면, 어떤 포부를 펼쳐보고 싶으냐?

자로가 기다렸다는 듯이 별 고민도 없이 대답하였다. 대국 사이에 끼여 타국 군대의 침략을 받고 흉년이 들어 기근이 발생한 전차 천 대 정도의 군세를 갖춘 나라가 있다면 말이죠.

제11편 선진先進　　191

저보고 그런 나라를 맡아 다스려보라고 하면, 3년 안에 백성들이 용감무쌍해지고 예의를 존중하는 나라로 만들어보고 싶습니다.

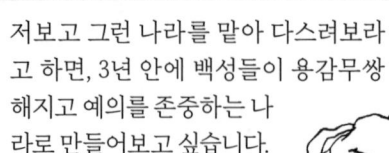

공자는 빙그레 웃으며 말했다. 구야, 너는 어떠냐?

염구가 대답했다. 사방 육칠십 리 혹은 오륙십 리 정도 되는 작은 지방의 일을 맡게 된다면, 3년 안에 사람들의 생활을 풍족하게 만들 자신이 있습니다.

다만 예악의 교화는 다른 뛰어난 군자를 찾아 맡기면 좋겠다고 생각합니다.

공자가 다시 물었다. 적아, 너는 어떠냐?

공자가 다시 물었다. 점아, 너는 어떠냐? 증점(증석)은 무릎 위에 올려놓은 슬을 가볍게 튕기고 있다가 옆으로 내려놓더니 일어서며 대답했다. 저는 세 사람과 생각이 달라서 주저됩니다.

공서화가 대답했다. 무엇을 할 수 있다고 감히 말씀드리기는 어렵고, 다만 좀 더 배우고 싶은 마음입니다. 종묘의 제사나 국가간의 회의 같은 자리에 예복과 관모를 차려 입고 참석해 눈에 띄지 않는 진행자 역할이라도 해보고 싶습니다.

개의치 말아라. 각자 자신의 포부를 말해 보는 것일 뿐이다.

제11편 선진先進

증석이 대답했다. 저는 춘삼월이 오거든 봄옷을 지어 입고 젊은이 대여섯, 동자 예닐곱과 함께 기수沂水 가에 가서 목욕하고, 무우舞雩에서 봄바람을 쐬다가 즐거운 마음으로 노래부르며 돌아올까 합니다.

공자는 그 말을 듣고 감탄하며 말했다. 나는 점의 생각을 따르겠다.

세 사람은 밖으로 나갔다. 뒤에 남은 증석이 공자에게 물었다. 세 사람의 말을 어떻게 들으셨습니까?

공자가 말했다. 사방 육칠십 리나 오륙십 리 되는 곳이라면 버젓한 나라겠지.

증석이 다시 물었다. 공서화가 말한 것도 나라의 일 아니겠습니까? 공자가 말했다. 종묘도 있고, 다른 나라와의 회의도 있으니, 나라가 아니고 무엇이냐? 공서화는 예의를 갖춘 사람이라서 작은 역할을 담당하겠다고 겸손을 보인 것이다.

제12편 안연顔淵

顔淵問仁안연문인.
子曰자왈: 克己復禮爲仁극기복례위인.
一日克己復禮일일극기복례, 天下歸仁焉천하귀인언.
爲仁由己위인유기, 而由人乎哉이유인호재?
顔淵曰안연왈: 請問其目청문기목.
子曰자왈: 非禮勿視비례물시, 非禮勿聽비례물청,
非禮勿言비례물언, 非禮勿動비례물동. 顔淵曰안연왈:
回雖不敏회수불민, 請事斯語矣청사사어의.

안연이 인仁의 경지에 도달하는 방법을 물었다. 공자가 말했다. 자신을 억제해 말과 행동이 모두 예의규범에 맞도록 하는 것이 인의 경지다.

그렇게 되면 천하의 모든 사람들이 다 너를 인자仁者라고 칭찬할 것이다. 인의 실천은 자신에게 달려 있지 남에게 의지하는 것이 아니다.

안연이 말했다. 인의 실천강령을 가르쳐주십시오. 공자가 말했다. 예에 어긋나는 것은 보지 말고, 예에 어긋나는 것은 듣지 말고, 예에 어긋나는 것은 말하지 말고, 예에 어긋나는 것은 하지 마라.

안연이 공자의 말을 듣고 대답했다. 제가 많이 부족하지만 말씀하신 대로 실천하기 위해 노력하겠습니다.

仲弓問仁중궁문인.
子曰자왈: 出門如見大賓출문여견대빈,
使民如承大祭사민여승대제.
己所不欲기소불욕, 勿施於人물시어인;
在邦無怨재방무원, 在家無怨재가무원.
仲弓曰중궁왈:
雍雖不敏옹수불민, 請事斯語矣청사사어의.

중궁이 인仁의 경지에 도달하는 방법을 물었다. 공자가 말했다. 대문 밖을 나서면 귀빈을 맞이하듯이 사람을 대하고, 백성을 부릴 때는 중요한 제사를 지내듯이 신중히 대해야 한다.

司馬牛憂曰사마우우왈:
人皆有兄弟인개유형제, 我獨亡아독망.
子夏曰자하왈:
商聞之矣상문지의: 死生有命사생유명, 富貴在天부귀재천.
君子敬而無失군자경이무실, 與人恭而有禮여인공이유례,
四海之內사해지내, 皆兄弟也개형제야.
君子何患乎無兄弟也군자하환호무형제야?

사마우司馬牛가 걱정스러운 듯 말했다. 남들은 다 형제가 있는데 나만 없소 그려.

자하가 말했다. 사람이 죽고 사는 것은 각자의 운명이고, 부귀도 하늘에 달려 있다고 합니다.

신중히 처신해 실수를 저지르지 않고, 사람들에게 공순히 예의를 지킨다면, 세상사람이 모두 형제가 될 것입니다. 그러니 형제가 없다고 걱정할 것이 무엇입니까?

子張問明자장문명.
子曰자왈:
浸潤之譖침윤지참, 膚受之愬부수지소,
不行焉불행언,
可謂明也已矣가위명야이의.
浸潤之譖침윤지참,
膚受之愬부수지소, 不行焉불행언,
可謂遠也已矣가위원야이의.

자장子張이 총명함이란 어떤 것을 가리키는지 물었다. 공자가 말했다. 물이 스며들듯이 은근히 반복되는 중상모략과 피부를 찌르는 헐뜯는 말에 전혀 흔들림이 없다면 그 사람은 총명하다고 할 수 있다.

물이 스며들듯이 은근히 반복되는 중상모략과 피부를 찌르는 헐뜯는 말에 전혀 흔들림이 없다면 마음에 구애됨이 없는 사람이라고 할 수 있다.

子貢問政자공문정.
子曰자왈: 足食족식, 足兵족병, 民信之矣민신지의.
子貢曰자공왈: 必不得已而去필부득이이거,
於斯三者何先어사삼자하선? 曰왈: 去兵거병.
子貢曰자공왈: 必不得已而去필부득이이거,
於斯二者何先어사이자하선? 曰왈: 去食거식.
自古皆有死자고개유사, 民無信不立민무신불립.

자공이 정치란 무엇인지 물었다. 공자가 말했다. 식량을 넉넉하게 비축하고, 군비를 충실히 갖추고, 백성들이 정부를 신뢰하도록 하는 것이다.

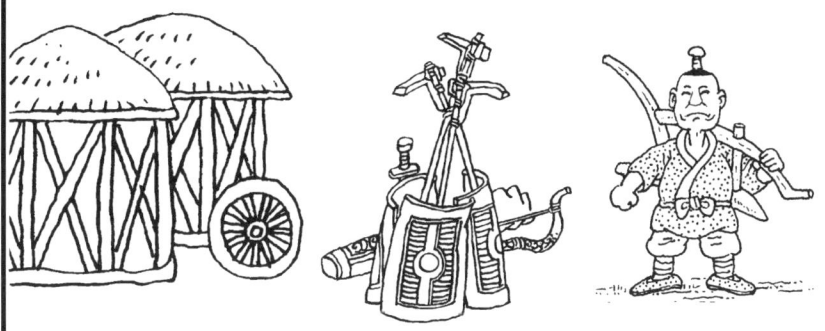

자공이 다시 물었다. 만약 이 세 가지 가운데서 부득이 하나를 버려야 한다면, 먼저 무엇을 버려야 할까요? 공자가 말했다. 군비다.

공자가 말했다. 식량을 버려라.

자공이 다시 물었다. 남은 두 가지 가운데서 부득이 하나를 더 버려야 한다면, 무엇을 버려야 할까요?

식량이 없으면 모두 죽겠지만, 자고로 사람은 죽기 마련 아니냐? 하지만 백성이 정부를 신뢰하지 않으면 나라는 존립할 수 없다.

棘子成曰극자성왈:
君子質而已矣군자질이이의, 何以文爲하이문위?
子貢曰자공왈:
惜乎夫子之說君子也석호부자지설군자야!
駟不及舌사불급설.
文猶質也문유질야, 質猶文也질유문야,
虎豹之鞹호표지곽, 猶犬羊之鞹유견양지곽.

위나라 대부 극자성棘子成이 말했다. 군자는 실질을 갖춰야 한다. 예의와 표면적인 형식 같은 것을 어디에 쓰겠는가?

자공이 말했다. 군자를 그렇게 평하니 심히 안타깝습니다.

말은 한번 뱉고 나면 다시 수습할 수 없다는 것을 알아야 합니다. 형식은 실질과 같고, 실질 또한 형식과 같아서 모두 중요합니다.

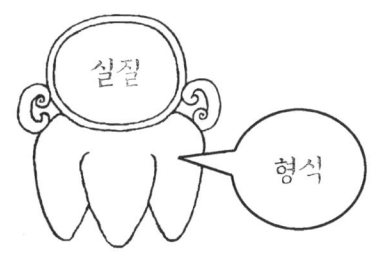

표면적인 형식을 구분하지 않으면 호랑이와 표범의 가죽도 개가죽이나 양가죽과 다를 게 없겠지요.

제12편 안연顔淵

齊景公問政於孔子제경공문정어공자.
孔子對曰공자대왈:
君君군군, 臣臣신신, 父父부부, 子子자자.
公曰공왈: 善哉선재! 信如君不君신여군불군,
臣不臣신불신, 父不父부불부, 子不子자불자,
雖有粟수유속, 吾得而食諸오득이식저?

제나라 경공景公이 공자에게 나라를 어떻게 다스려야 하는지 물었다.

공자가 말했다. 군주는 군주다워야 하고, 신하는 신하다워야 합니다.

어버이는 어버이다워야 하고, 자식은 자식다워야 하지요.

그러자 경공이 말했다. 참 좋은 말씀입니다. 군주가 군주답지 않고, 신하가 신하답지 않고, 어버이가 어버이답지 않고, 자식이 자식답지 않으면, 나라가 어지러울 테니, 아무리 식량이 많이 쌓여 있다 한들 소용없겠지요.

예법에 따르면 군신, 부자 불문하고 모두 규범이 있다. 군주에게는 군주로서의 규범이 있다. 하지만 경공은 그 점을 깨닫지 못하고 있었다. 그는 사치를 즐기고, 측실을 많이 두고, 백성들에게 중세를 부과하고 가혹한 형벌로 나라를 다스렸으며, 재상 안영晏嬰의 간언을 듣지 않았다. 군주의 도를 다하지 못한 경공은 결국 대부 진씨陳氏에게 실권을 빼앗기고 말았다.

子曰자왈:
君子博學於文군자박학어문, 約之以禮약지이례,
亦可以弗畔矣夫역가이불반의부.
子曰자왈:
君子成人之美군자성인지미,
不成人之惡불성인지악.
小人反是소인반시.

| 공자가 말했다. 문물 제도를 널리 배워야 한다. | 또한 예법에 맞게 자신의 행동을 지킬 수 있다면 인생의 정도에서 벗어나지 않았다고 할 수 있다. |

| 공자가 말했다. 군자는 다른 사람의 장점을 북돋워주고, 단점은 없애주어야 한다. | 소인은 정반대이다. |

季康子問政於孔子曰계강자문정어공자왈:
如殺無道여살무도, 以就有道이취유도, 何如하여?
孔子對曰공자대왈: 子爲政자위정, 焉用殺언용살?
子欲善而民善矣자욕선이민선의.
君子之德風군자지덕풍, 小人之德草소인지덕초,
草上之風초상지풍, 必偃필언.

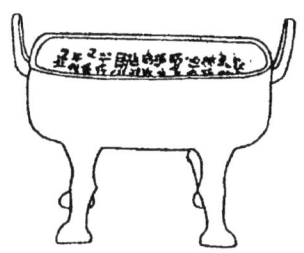

계강자가 공자에게 나라를 다스리는 방법을 물었다. 무도한 자들을 죽이고 덕을 수양한 선인善人들을 중용하면 어떻겠습니까?

공자가 대답했다. 나라를 다스리면서 사람을 죽여서야 되겠습니까? 나라를 다스리는 사람이 선한 마음을 갖고 있으면, 백성들은 자연히 선하게 될 것입니다. 군자의 품성은 바람과 같고, 백성은 풀과 같습니다. 바람이 부는 방향대로 풀은 눕기 마련입니다.

제12편 안연顔淵

樊遲從遊於舞雩之下번지종유어무우지하,
曰왈: 敢問崇德감문숭덕, 脩慝수특, 辨惑변혹.
子曰자왈: 善哉問선재문! 先事後得선사후득,
非崇德與비숭덕여? 攻其惡공기악,
無攻人之惡무공인지악, 非脩慝與비수특여?
一朝之忿일조지분, 忘其身망기신,
以及其親이급기친, 非惑與비혹여?

제자 번지가 공자를 모시고 기우제 지내는 무우의 단 아래를 거닐고 있었다.

번지가 물었다. 덕을 높이고, 사특함을 몰아내고, 미혹을 분별하기 위해서는 어떻게 해야 합니까?

공자

번지

공자가 말했다. 참 좋은 질문이다. 이해득실을 따지지 않고 먼저 맡은 일에 최선을 다하는 것이 덕을 높이는 길이다.

자신의 과실은 스스로 엄하게 꾸짖고 남의 잘못을 헐뜯지 않는다면, 사특함을 몰아낼 수 있을 것이다.

진정한 군자시군요!

순간적인 분노를 참지 못해 자신을 위험에 빠뜨리고, 심지어 부모에게까지 누를 끼친다면, 그것이 미혹함 아니겠느냐?

제12편 안연顔淵

樊遲問仁번지문인. 子曰자왈: 愛人애인.
問知문지. 子曰자왈: 知人지인. 樊遲未達번지미달.
子曰자왈: 擧直錯諸枉거직조저왕, 能使枉者直능사왕자직.
樊遲退번지퇴, 見子夏曰견자하왈: 鄕也향야, 吾見於夫子而問知오현어부자이문지.
子曰자왈: 擧直錯諸枉거직조저왕, 能使枉者直능사왕자직. 何謂也하위야?
子夏曰자하왈: 富哉言乎부재언호!
舜有天下순유천하, 選於衆선어중, 擧皋陶거고요, 不仁者遠矣불인자원의;
湯有天下탕유천하, 選於衆선어중, 擧伊尹거이윤, 不仁者遠矣불인자원의.

번지가 '인'仁이 무엇인지 물었다. 공자가 말했다. 사람을 사랑하는 것이다.

번지가 '지'智가 무엇인지 물었다. 공자가 말했다. 사람을 알아보는 것이다.

번지는 그 의미를 이해하지 못했다. 공자가 설명했다. 정직한 사람을 발탁해 사악한 사람 위에 앉히면, 사악한 사람도 정직하게 된다.

공자 곁에서 물러난 번지는 자하에게 물었다. 방금 선생님을 뵙고 '지'가 무엇인지 여쭈었더니, '정직한 사람을 발탁해 사악한 사람 위에 앉히면, 사악한 사람도 정직하게 된다'고 말씀하시더군요.

子貢問友 자공문우.
子曰 자왈:
忠告而善道之 충고이선도지,
不可則止 불가즉지, 無自辱焉 무자욕언.
曾子曰 증자왈:
君子以文會友 군자이문회우,
以友輔仁 이우보인.

자공이 벗과의 교유방법을 물었다. 공자가 말했다. 벗이 바른 길을 걷지 않으면 진심으로 충고해 옳은 방향으로 이끌어야 한다. 	만약 벗이 충고를 귀담아 듣지 않는다면 무리할 필요는 없다. 지나친 충고로 도리어 욕을 당할 수 있다. 
증자가 말했다. 군자는 학문으로 친구를 사귄다. 	그리고 벗과의 교유를 통해 자신의 인덕을 수양한다. 

제12편 안연顔淵　　215

제13편 자로 子路

子路問政 자로문정.
子曰 자왈:
先之 선지, 勞之 노지. 請益 청익.
曰왈:
無倦 무권.

자로가 정치의 핵심이 무엇인지를 물었다. 공자가 말했다. 자신이 앞장서서 솔선수범한 다음 백성들에게 권면하는 것이다.

자로가 좀 더 설명해줄 것을 청하였다. 공자가 말했다. 그렇게 하는데 게으름을 피우지 말아야 한다.

우 임 금

子路曰자로왈: 衛君待子而爲政위군대자이위정, 子將奚先자장해선?
子曰자왈: 必也正名乎필야정명호!
子路曰자로왈: 有是哉유시재, 子之迂也자지우야!
奚其正해기정? 子曰자왈: 野哉야재, 由也유야!
君子於其所不知군자어기소부지, 蓋闕如也개궐여야.
名不正則言不順명부정즉언불순, 言不順則事不成언불순즉사불성,
事不成則禮樂不興사불성즉예악불흥, 禮樂不興則刑罰不中예악불흥즉형벌부중,
刑罰不中형벌부중,
則民無所措手足즉민무소조수족.
故君子名之必可言也고군자명지필가언야,
言之必可行也언지필가행야.
君子於其言군자어기언,
無所苟而已矣무소구이이의.

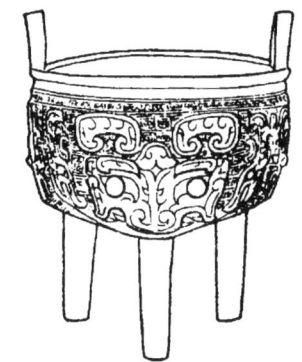

자로가 말했다. 만약 위나라 군주가 선생님께 국정을 맡긴다면 선생님께서는 무엇을 먼저 하시겠습니까? 공자가 말했다. 꼭 무언가를 우선해야 한다면, 그것은 명분을 바르게 하는 일이다.

예악 제도가 흥성하지 않으면, 형벌도 공정함을 잃게 된다. 형벌이 공정함을 잃으면 백성들은 손발을 어디에 두어야 할지 몰라 불안에 휩싸일 것이다.

그래서 군자는 어떤 경우에도 명분을 바르게 해야 한다. 명분이 바로서야 말이 이치에 닿고 정책에 조리가 서, 집행이 순조로워진다.

군자는 자신의 어휘 선택에 경솔함과 모호함이 없도록 해야 한다.

군주는 군주답고, 신하는 신하답고, 어버이는 어버이답고, 자식은 자식다워야 한다.

樊遲請學稼번지청학가. 子曰자왈: 吾不如老農오불여노농. 請學爲圃청학위포.
曰왈: 吾不如老圃오불여노포. 樊遲出번지출. 子曰자왈: 小人哉소인재,
樊須也번수야! 上好禮상호례, 則民莫敢不敬즉민막감불경, 上好義상호의,
則民莫敢不服즉민막감불복; 上好信상호신, 則民莫敢不用情즉민막감불용정.
夫如是부여시, 則四方之民襁負其子而至矣즉사방지민강부기자이지의,
焉用稼언용가?

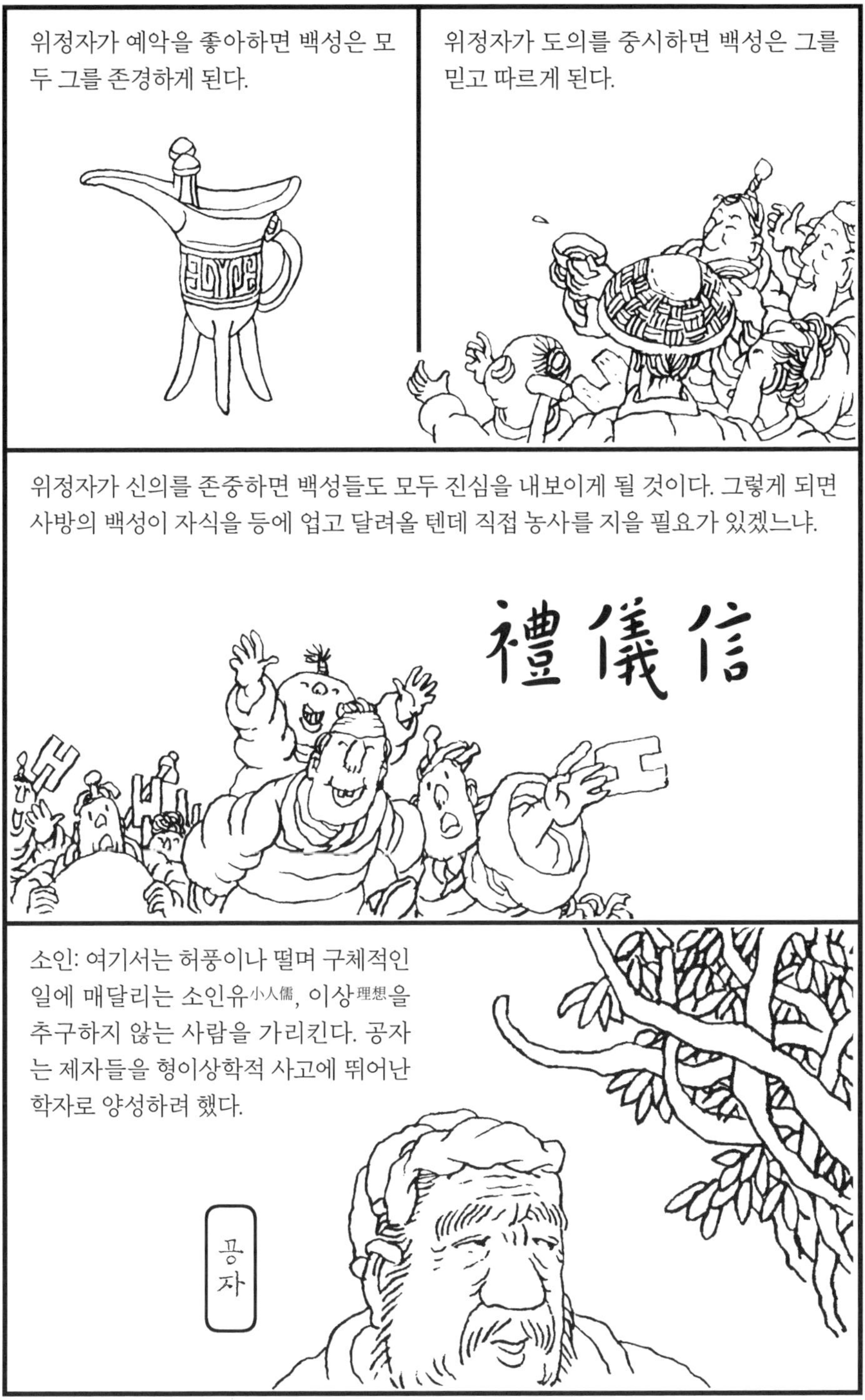

위정자가 예악을 좋아하면 백성은 모두 그를 존경하게 된다.

위정자가 도의를 중시하면 백성은 그를 믿고 따르게 된다.

위정자가 신의를 존중하면 백성들도 모두 진심을 내보이게 될 것이다. 그렇게 되면 사방의 백성이 자식을 등에 업고 달려올 텐데 직접 농사를 지을 필요가 있겠느냐.

禮儀信

소인: 여기서는 허풍이나 떨며 구체적인 일에 매달리는 소인유小人儒, 이상理想을 추구하지 않는 사람을 가리킨다. 공자는 제자들을 형이상학적 사고에 뛰어난 학자로 양성하려 했다.

공자

子曰자왈: 誦詩三百송시삼백,
授之以政수지이정, 不達부달;
使於四方시어사방, 不能專對불능전대,
雖多수다, 亦奚以爲역해이위?

공자가 말했다. 《시경》 삼백 편을 암송하는 사람이라 해도 정치가로서 정무에 뛰어나다는 보장은 없다.

사신의 몸으로 외국에 나가서는 독자적으로 교섭을 매듭짓지 못하는 경우도 흔하다.

그렇게 해서는 아무리 책을 많이 읽어도 소용이 없다.

전대專對: 구체적인 상황에 맞추어 독자적으로 임기응변 대응하는 일.

당시의 외교무대에서는 흔히 《시경》의 시구를 인용해 완곡한 문답을 주고받았기 때문에 《시경》 삼백 편을 암송하는 일은 관직을 맡은 사람의 기본 소양이었다.

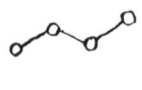

子曰자왈:
其身正기신정,
不令而行불령이행;
其身不正기신부정,
雖令不從수령부종.

공자가 말했다. 위정자가 몸가짐이 바르면 명령을 내리지 않아도 백성들이 스스로 따른다.

위정자가 몸가짐이 바르지 못하면 명령을 아무리 내려도 백성들은 따르지 않는다.

子謂衛公子荊자위위공자형: 善居室선거실.
始有시유, 曰왈: 苟合矣구합의.
少有소유, 曰왈: 苟完矣구완의.
富有부유, 曰왈: 苟美矣구미의.

공자가 말했다. 위나라 공자 형荊은 가정살림을 꾸리는 일이 본받을 만한 사람이다. 처음에 재산이 좀 생기자, 그것으로 충분하다고 했다. 재산이 좀 더 불어나자 다 갖추어져 더 이상은 불필요하다고 했다.

살림살이가 넉넉해지자 지나치게 화려해졌다고 했다.

형荊: 위나라 대부. 헌공獻公의 아들이라서 공자 형으로 불렸다. 지혜롭고 사치를 부리지 않아, 군자로 명망이 높았다.

子適衛자적위, 冉有僕염유복. 子曰자왈: 庶矣哉서의재!
冉有曰염유왈: 旣庶矣기서의, 又何加焉우하가언?
曰왈: 富之부지. 曰왈: 旣富矣기부의, 又何加焉우하가언?
曰왈: 敎之교지.

공자

공자가 위나라를 방문했을 때 염유가 수레를 몰았다. 공자가 말했다. 위나라는 사람이 참 많구나.

염유가 물었다. 인구가 많아지면 무엇을 해야 할까요? 공자가 말했다. 생활을 넉넉하게 해주어야 한다.

염유가 다시 물었다. 부유해진 다음에는 무엇을 해야 합니까? 공자가 말했다. 교육을 시켜야 한다.

공자

제13편 자로子路

定公問정공문: 一言而可以興邦일언이가이흥방, 有諸유저? 孔子對曰공자대왈:
言不可以若是其幾也언불가이약시기기야. 人之言曰인지언왈: 爲君難위군난,
爲臣不易위신불이. 如知爲君之難也여지위군지난야,
不幾乎一言而興邦乎불기호일언이흥방호? 曰왈: 一言而喪邦일언이상방, 有諸유저?
孔子對曰공자대왈: 言不可以若是其幾也언불가이약시기기야.
人之言曰인지언왈: 予無樂乎爲君여무락호위군, 唯其言而莫予違也유기언이막여위야.
如其善而莫之違也여기선이막지위야, 不亦善乎불역선호?
如不善而莫之違也여불선이막지위야, 不幾乎一言而喪邦乎불기호일언이상방호?

노나라 정공定公이 물었다. 한마디 말로 나라를 흥하게 할 수 있는 말이 있겠습니까?

공자가 대답했다. 말이란 그렇게 할 수 있는 것이 아닙니다만, '군주 노릇하기도 신하 노릇하기도 어렵다'는 말이 있습니다.

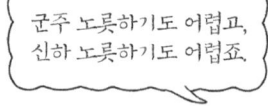

군주 노릇하기도 어렵고, 신하 노릇하기도 어렵죠.

공자

군주 노릇하기가 어렵다는 것을 깨닫는다면, 그것이 나라를 흥하게 할 수 있는 말에 가깝지 않겠습니까?

정공이 다시 물었다. 한마디 말로 나라를 망하게 하는 말이 있겠습니까?

공자가 말했다. 그런 말이 있을 리 있겠습니까?

하지만 이런 말이 있습니다. '임금 노릇처럼 즐거운 일은 없다. 내 말을 거역하는 사람이 없다.'

옳은 말에 거역하는 사람이 없다면 좋은 일이지요.

하지만 그 말이 옳지 않은데도 거역하는 사람이 없다면 이야말로 나라를 망하게 하는 말에 가깝지 않겠습니까?

제13편 자로子路

子夏爲莒父宰 자하위거보재, 問政 문정.
子曰 자왈:
無欲速 무욕속,
無見小利 무견소리.
欲速則不達 욕속즉부달,
見小利則大事不成 견소리즉대사불성.

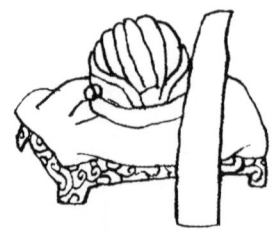

자하가 노나라 거보 지방의 재상이 되었다. 부임에 앞서 공자에게 어떻게 정사를 돌보아야 할지 물었다. 	공자가 말했다. 빨리 성과를 내기 위해 서두르지 말고, 국부적인 이익에 현혹되지 마라. 
일을 서두르면 오히려 목적을 달성하기 어렵다. 	국부적인 이익에 현혹되면 큰일을 해낼 수 없다. 

葉公語孔子曰섭공어공자왈:
吾黨有直躬者오당유직궁자,
其父攘羊기부양양 而子證之이자증지.
孔子曰공자왈:
吾黨之直者異於是오당지직자이어시,
父爲子隱부위자은, 子爲父隱자위부은,
直在其中矣직재기중의.

섭공

섭공이 공자에게 말했다. 우리 고향에 정직하기로 유명한 자가 있는데, 자신의 아버지가 양을 훔쳤을 때 바로 고발했습니다.

공자가 말했다. 우리 고장의 정직한 사람은 다릅니다. 아버지는 아들을 위해 죄를 숨기고, 아들은 아버지를 위해 죄를 숨겼습니다. 정직이란 그러한 관계 속에 있을 것입니다.

우리 아버지가 훔쳤어요!

제13편 자로子路

공자의 관점에서 유가 윤리도덕의 기초는 '효'孝와 '자'慈이다. '정직'을 따지는 잣대도 여기에 바탕을 두고 있다. 작은 과오는 스스로 고치도록 허용된다.

아들이 아버지를 고발한 것은 '효'의 원리에 어긋난다. 지엽적으로는 사회를 위한 것으로 보일 수 있지만, 필연적으로 윤리도덕의 근본을 흔들고, 사회의 안정에 해를 끼칠 수밖에 없다.

두 가지를 비교해보면 이익보다 폐단이 크기 때문에, 부자가 서로를 고발하는 것은 장려될 수 없었고, 도덕적으로도 인정될 수 없었다.

子貢問曰자공문왈: 何如斯可謂之士矣하여사가위지사의? 子曰: 行己有恥행기유치.
使於四方사어사방, 不辱君命불욕군명, 可謂士矣가위사의. 曰: 敢問其次감문기차?
曰: 宗族稱孝焉종족칭효언, 鄕黨稱弟焉향당칭제언. 曰: 敢問其次감문기차?
曰: 言必信언필신, 行必果행필과, 硜硜然小人哉경경연소인재!
抑亦可以爲次矣억역가이위차의.
曰: 今之從政者금지종정자, 何如하여?
子曰자왈: 噫희! 斗筲之人두소지인,
何足算也하족산야?

자공이 물었다. 어떤 조건을 갖추어야 선비라고 할 수 있습니까?

여기가 우리나라 국경입니다!

공자가 말했다. 품행이 청렴하고, 염치를 알며, 타국에 나가서도 무거운 책임감으로 맡은 일을 완수한다면, 선비라고 할 만하다.

자공이 다시 물었다. 그 아래 단계는 어떤 것입니까? 공자가 말했다. 집안사람들이 효행을 칭찬하고, 어른을 공경해 향리에서 본보기가 되는 사람이다.

자공이 다시 물었다. 그 다음의 아래 단계는 어떤 것입니까? 공자가 말했다. 말한 것을 지키고, 예의바르게 행동하는 사람이다. 자신의 일에서 벗어나지 못하는 소견이 좁은 인물이지만, 다음 단계의 선비라고 할 만하다.

지난 번에 빌린 돈이네.

자공이 다시 물었다. 현재 권력의 자리에 있는 사람들은 어떻습니까? 공자가 말했다. 그런 그릇의 크기가 작은 사람들을 어찌 선비라 일컬을 수 있겠느냐?

斗두 筲소

*斗筲之人두소지인: 그릇의 크기가 작은 사람.

子曰자왈:
不得中行而與之부득중행이여지,
必也狂狷乎필야광견호!
狂者進取광자진취,
狷者有所不爲也견자유소불위야.

공자가 말했다. 언행이 중용의 도리에 맞는 사람을 찾지 못하면, 높은 이상을 지닌 사람이나 세속에 물들지 않고 자신의 세계를 고집하는 사람을 찾아 사귀도록 해라.

높은 이상을 지닌 채 자신을 숨기지 않는 사람은 진취성이 강하고, 세속에 물들지 않고 고집이 센 사람은 자신만의 지조가 있다.

子曰자왈:
君子和而不同군자화이부동,
小人同而不和소인동이불화.

공자가 말했다. 군자는 의리를 중시해 남과 어울릴 때 서로 협조하며 조화로움을 추구하지만, 맹목적으로 동조하지는 않는다.

소인은 이익에 따라 움직이기 때문에 나쁜 무리들과도 어울리지만, 상대를 존중해 협력하는 것은 아니다.

이기심이 너무 지나치군!

'화'和와 '동'同은 춘추시대에 자주 사용하던 개념이다. 조화와 협조를 의미하는 '화'는 다섯 가지 맛의 조화, 오음五音(궁宮, 상商, 각角, 치徵, 우羽)의 조화처럼 서로 성질이 다른 요소들의 조화통일을 가리킨다.

'동'은 절대적인 동일同一로서 사물의 차이를 부정한다. 필연적으로 주체성과 개별 인격이 무시됨으로써 정치적으로 군주에 대한 절대복종으로 이어진다. 전제정치를 조장하는 까닭에 공자는 이를 원하지 않았다.

제13편 자로子路

子貢問曰자공문왈: 鄕人皆好之향인개호지,
何如하여?
子曰자왈: 未可也미가야.
鄕人皆惡之향인개오지, 何如하여?
子曰자왈: 未可也미가야.
不如鄕人之善者好之불여향인지선자호지,
其不善者惡之기불선자오지.

자공이 물었다. 온 마을 사람이 좋아하는 사람이 된다면 어떻습니까? 	공자가 말했다. 그것으로는 부족하다.
자공이 다시 물었다. 온 마을 사람이 싫어하는 사람이 된다면 어떻습니까? 	공자가 말했다. 그것으로는 부족하다. 마을의 선한 사람들이 좋아하고, 악한 사람들이 미워하는 사람이 되어야 한다. 

子曰자왈: 君子易事而難說也군자이사이난열야.
說之不以道열지불이도, 不說也불열야;
及其使人也급기사인야, 器之기지.
小人難事而易說也소인난사이이열야.
說之雖不以道열지수불이도, 說也열야;
及其使人也급기사인야, 求備焉구비언.

공자가 말했다. 군자 밑에서 일하기는 쉬우나, 그를 기쁘게 하기는 어렵다.

도리에 맞지 않는 방법으로 환심을 사려 하면, 마음에 들어하지 않기 때문이다.

하지만 사람을 쓸 때는 재능과 도량을 고려해 합리적으로 일을 시키기 때문에 일하기가 쉽다.

공자

제13편 자로子路

반대로 소인배 밑에서 일하기는 어려우나, 환심을 사기는 쉽다.

도리에 맞지 않는 방법으로 환심을 사려 해도 그는 좋아할 것이다.

공자

하지만 사람을 부릴 때는 이것저것 까탈을 부리며 지나치게 요구가 많다.

子路問曰자로문왈:
何如斯可謂之士矣하여사가위지사의?
子曰자왈:
切切偲偲절절시시, 怡怡如也이이여야,
可謂士矣가위사의.
朋友切切偲偲붕우절절시시, 兄弟怡怡형제이이.

자로가 물었다. 저희가 어떻게 해야 선비라고 불릴 수 있습니까?

공자가 말했다. 서로 절차탁마하며 격려하고 화목하게 지내면 선비라고 할 수 있다.

곧 친구 간에 서로 학문에 힘쓸 것을 격려하고, 형제 간에 화목하게 지내는 것이다.

子曰자왈:
善人敎民七年선인교민칠년,
亦可以卽戎矣역가이즉융의.
子曰자왈:
以不敎民戰이불교민전,
是謂棄之시위기지.

공자가 말했다. 능력 있는 사람이 7년 동안 백성을 가르치면, 전쟁에 나갈 수 있는 우수한 병사로 길러낼 수 있다.

공자가 말했다. 훈련 받지 않은 백성을 전쟁터로 나가게 하는 것은 그들을 버리는 것과 한가지다.

제14편 헌문憲問

憲問恥헌문치. 子曰자왈:
邦有道방유도, 穀곡. 邦無道방무도, 穀곡,
恥也치야. 克伐怨欲극벌원욕, 不行焉불행언,
可以爲仁矣가이위인의?
子曰자왈: 可以爲難矣가이위난의.
仁則吾不知也인즉오부지야.

원헌原憲이 치욕에 대해 물었다.

공자가 말했다. 나라의 정치가 바른 길을 걸으면 봉급을 받지만, 정치가 암흑 속을 헤매는데도 관리가 봉급을 받는다면 그것은 수치다.

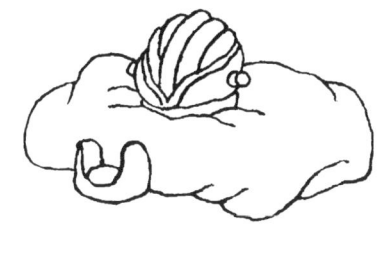

원헌이 다시 물었다. 지나친 승부욕, 자만, 원망, 탐욕을 극복하면 인자라고 할 수 있습니까? 공자가 말했다. 실천하기 어려운 일이기는 하지만, 인자로 인정될 수 있는지는 모르겠다.

子曰자왈:
士而懷居사이회거, 不足以爲士矣부족이위사의.
子曰자왈:
邦有道방유도, 危言危行위언위행;
邦無道방무도, 危行言孫위행언손.

공자가 말했다. 안일한 생활을 바라는 선비라면 이미 선비라고 불릴 자격이 없다.

공자가 말했다. 나라의 정치가 깨끗하면 정직하게 말하고, 정직하게 행동해야 한다.

나라의 정치가 어두우면 행동은 바르게 하되 말은 완곡하게 해야 한다.

子路問成人자로문성인.
子曰자왈: 若臧武仲之知약장무중지지,
公綽之不欲공작지불욕, 卞莊子之勇변장자지용,
冉求之藝염구지예,
文之以禮樂문지이예악,
亦可以爲成人矣역가이위성인의.
曰왈: 今之成人者何必然금지성인자하필연?
見利思義견리사의, 見危授命견위수명,
久要不忘平生之言구요불망평생지언,
亦可以爲成人矣역가이위성인의.

자로

자로가 어떻게 하면 완전한 사람이 될 수 있는지 물었다. 공자가 말했다. 장무중臧武仲 같은 지혜, 맹공작公綽 같은 무욕, 변장자卞莊子 같은 용기, 염구 같은 다재다능함을 지니고, 거기에 예악의 교양을 갖춘다면 완전한 인간이라고 할 수 있을 것이다.

장무중 맹공작 변장자 염구

제14편 헌문憲問

이어서 말했다. 그렇지만 지금 세상에 완전한 사람이라는 게 꼭 그래야 하겠느냐.

이익을 보면 그것이 옳은지 그른지를 먼저 생각한다.

위험에 직면하면 자신의 희생을 두려워하지 않는다.

불우한 나날을 오래 지속하면서도 평생의 품은 뜻을 잊지 않는다. 이렇게 하면 완전한 사람이 될 수 있을 것이다.

장무중臧武仲: 노나라 대부. 맹공작孟公綽: 노나라 대부. 변장자卞莊子: 노나라 변읍의 대부. 염구: 공자의 제자. 공자는 완전한 사람의 전형으로 각자의 장점을 지닌 네 사람의 노나라 명사를 들고, 여기에 예악의 교양을 덧붙였다.

子問公叔文子於公明賈曰자문공숙문자어공명가왈:
信乎신호, 夫子不言부자불언, 不笑불소, 不取乎불취호?
公明賈對曰공명가대왈: 以告者過也이고자과야.
夫子時然後言부자시연후언, 人不厭其言인불염기언;
樂然後笑낙연후소, 人不厭其笑인불염기소;
義然後取의연후취, 人不厭其取인불염기취.
子曰자왈: 其然?기연, 豈其然乎기기연호?

공자가 공명가公明賈에게 공숙문자公叔文子의 사람됨을 물었다. 그 사람은 말하지 않고, 웃지 않고, 선물도 받지 않는다던데 정말인가?

공명가가 대답했다. 그럴 리가 있겠습니까? 말을 잘못 전한 것입니다. 그 사람은 마땅히 말해야 할 때가 되어서야 말을 했기 때문에 모두들 그가 말하는 것을 싫어하지 않았습니다.

제14편 헌문憲問   245

子貢曰자공왈: 管仲非仁者與관중비인자여?
桓公殺公子糾환공살공자규,
不能死불능사, 又相之우상지. 子曰자왈:
管仲相桓公관중상환공, 霸諸侯패제후,
一匡天下일광천하, 民到于今受其賜민도우금수기사.
微管仲미관중, 吾其被髮左衽矣오기피발좌임의.
豈若匹夫匹婦之爲諒也기약필부필부지위량야,
自經於溝瀆而莫之知也자경어구독이막지지야?

자공이 말했다. 관중管仲은 어진 사람이라고는 할 수 없겠지요? 환공桓公이 공자규公子糾를 죽였을 때 공자규의 신하였던 관중은 따라 죽기는커녕 오히려 환공을 보좌하는 재상이 되었으니까요.

子曰자왈:
君子上達군자상달,
小人下達소인하달.
子曰자왈:
古之學者爲己고지학자위기,
今之學者爲人금지학자위인.

공자가 말했다. 군자는 자신의 향상을 위해 끊임없이 노력하고, 도의를 실천한다. 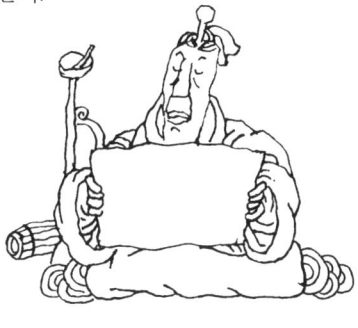	소인은 탐욕을 부리고, 사리사욕을 추구한다. 
공자가 말했다. 옛 학자들은 자신의 수양을 쌓기 위해 공부했다. 	요즘 학자들은 남의 환심을 사기 위해 공부한다. 

제14편 헌문憲問

子曰자왈: 君子道者三군자도자삼,
我無能焉아무능언: 仁者不憂인자불우,
知者不惑지자불혹, 勇者不懼용자불구.
子貢曰자공왈: 夫子自道也부자자도야.
子貢方人자공방인.
子曰자왈:
賜也賢乎哉사야현호재.
夫我則不暇부아즉불가.

공자가 말했다. 군자가 되기 위해 반드시 이르러야 할 세 가지 경지가 있다. 어진 사람은 근심하지 않고, 지혜로운 사람은 미혹되지 않고, 용기있는 사람은 두려워하지 않는다. 나는 아직 한 가지 경지에도 이르지 못했다.

자공이 말했다. 이것은 선생님께서 스스로를 말씀하신 것이다.

자공은 종종 사람을 품평하곤 했다. 공자가 말했다. 자공이 그리 뛰어난가? 나는 그럴 겨를이 없거늘.

子曰자왈: 驥不稱其力기불칭기력, 稱其德也칭기덕야. 或曰혹왈: 以德報怨이덕보원, 何如하여? 子曰자왈: 何以報德하이보덕? 以直報怨이직보원, 以德報德이덕보덕.

공자가 말했다. 천리마는 그 혈통에서 오는 체력을 칭송하는 것이 아니라, 후천적으로 갖게 된 기품을 칭송하는 것이다.

어떤 사람이 공자에게 물었다. 은혜로 원한을 갚는 것은 어떻습니까?

그럼 은혜는 무엇으로 보답할 것인가?

원한에는 사심을 넘어선 공정함으로 대해야 한다.

그리고 은혜는 은혜로 보답해야 한다.

제14편 헌문憲問

子曰자왈:
賢者辟世현자피세, 其次辟地기차피지,
其次辟色기차피색, 其次辟言기차피언.
子曰자왈: 作者七人矣작자칠인의.

공자가 말했다. 세상이 어지러우면 덕이 높은 사람은 은둔한다.

다음 단계의 덕을 지닌 사람은 다른 곳으로 옮긴다

그 다음 단계의 덕을 지닌 사람은 평판이 좋지 않은 사람과는 사귀지 않는다.

그 다음 사람은 입을 다물고 지낸다.

공자가 다시 말했다. 이렇게 한 사람이 백이, 숙제 등 이미 일곱 사람이다.

子路宿於石門자로숙어석문. 晨門曰신문왈: 奚自해자?
子路曰자로왈: 自孔氏자공씨.
曰왈: 是知其不可而爲之者與시지기불가이위지자여?

자로는 석문石門 성문 밖에서 하룻밤을 잤다. 다음날 아침 성안으로 들어가려 하자 문지기가 물었다. 어디서 오시오? 자로가 말했다. 공씨孔氏 댁에서요.

문지기가 자로의 말을 듣고 말했다. 아, 안 되는 줄 알면서도 꼭 이루어내려는 그 사람이로군.

공자는 예순여덟 살에 14년에 걸쳐 세상을 떠돌던 유세생활을 마감하고 제자들과 함께 노나라로 돌아왔다. 자로가 선발대로 먼저 석문에 도착하였다.

子擊磬於衛자격경이위,
有荷蕢而過孔氏之門者유하궤이과공씨지문자,
曰왈: 有心哉유심재, 擊磬乎격경호!
旣而曰기이왈: 鄙哉비재! 硜硜乎경경호!
莫己知也막기지야, 斯已而已矣사이이이의.
深則厲심즉려, 淺則揭천즉게.
子曰자왈: 果哉과재! 末之難矣말지난의.

위나라에 머물던 공자가 하루는 경쇠를 치고 있었다. 삼태기를 메고 공자의 문 앞을 지나던 사람이 말했다. 경쇠 소리에 걱정거리가 담겨 있구나!

잠시 멈추었다가 그가 다시 말했다. 연주가 형편없군. 너무 투박해. 자신을 알아주는 사람이 없으면 그만두면 될 것을.

인생은 냇물을 건너는 것과 같다고 《시경》에서도 노래하고 있지 않은가.

물이 깊으면 옷을 벗고, 물이 얕으면 옷자락을 걷고 건너야 하느니!

공자가 이 말을 전해 듣고 말했다. 좋은 말이다. 하지만 세상을 건너기가 냇물을 건너는 것 같다면 무슨 어려움이 있을까.

여기 인용된 노래 구절은 《시경》 패풍 속에 보인다. 물이 깊은 것은 난세, 물이 얕은 것은 평화로운 세상을 의미한다. 물이 깊으면 몸을 물의 흐름에 맡기고, 물이 얕을 때도 자신의 고결함을 지켜야 한다는 비유를 담고 있다.

原壤夷俟원양이사.
子曰자왈:
幼而不孫弟유이불손제,
長而無述焉장이무술언,
老而不死노이불사, 是爲賊시위적.
以杖叩其脛이장고기경.

원양原壤이 땅바닥에 두 다리를 벌리고 앉은 채 공자를 맞이하였다.

공자가 말했다. 네가 어려서는 윗사람을 공경할 줄 모르고, 커서는 내세울 업적이 없고, 늙어서는 밥만 축내고 있으니, 아무 쓸모없는 자로구나.

그리고 원양의 종아리를 지팡이로 때리며, 그의 다리를 붙잡아 예절에 맞는 자세를 취하게 했다.

원양原壤: 노나라 사람으로 주나라 문왕의 16세손이라고 전한다. 공자의 오랜 친구였다.

《예기》단궁편에는 원양의 어머니가 죽었을 때 공자가 장례를 도우러 갔다는 이야기가 실려 있다. 그때 원양은 어머니의 관 위에 올라가 노래를 불렀다고 한다.

어쨌든 친구 사이기 때문에 공자는 원양의 노래를 못 들은 척 무시할 수밖에 없었다. 원양은 공자와는 사상이 다른 사람이었던 듯하다.

너구리 머리를 닮은 나무관 얼룩, 당신의 손을 꼭 잡으리.

제14편 헌문憲問

闕黨童子將命궐당동자장명.
或問之曰혹문지왈: 益者與익자여?
子曰자왈:
吾見其居於位也오견기거어위야,
見其與先生幷行也견기여선생병행야.
非求益者也비구익자야,
欲速成者也욕속성자야.

공자가 사는 마을인 궐당의 한 소년이 공자에게 찾아오는 손님을 안내하는 일을 하고 있었다.

어떤 사람이 공자에게 물었다. 장래성이 있는 아이입니까?

공자가 말했다. 저 아이는 어른과 같은 자리를 차지하고 앉을 뿐 아니라, 걸을 때도 어른의 뒤를 따르지 않고 나란히 걷더군요.

향상을 위해 노력하는 것이 아니라, 빨리 어른 대접을 받고 싶은 것입니다.

제15편 위령공 衛靈公

衛靈公問陳於孔子위령공문진어공자.
孔子對曰공자대왈:
俎豆之事조두지사, 則嘗聞之矣즉상문지의;
軍旅之事군려지사, 未之學也미지학야.
明日遂行명일수행.

위나라 영공靈公이 공자에게 군대의 진법에 대해 물었다.

공자가 대답했다. 예의를 실행하는 법은 조금 알고 있습니다만, 군사작전은 배운 적이 없습니다.

공자

다음날 바로 공자는 위나라를 떠났다.

在陳絶糧재진절량, 從者病종자병, 莫能興막능흥.
子路慍見曰자로온견왈:
君子亦有窮乎군자역유궁호?
子曰자왈:
君子固窮군자고궁,
小人窮斯濫矣소인궁사람의.

공자와 제자들은 유세를 위해 여러 나라를 돌아다니던 중 진나라와 채나라 사이에서 고립되고 말았다. 식량이 떨어지고 병들어 몸져 눕는 사람도 생겼다.

자로가 화난 얼굴로 공자에게 말했다. 군자도 막다른 골목에 몰릴 때가 있습니까?

공자가 말했다. 군자는 곤궁한 상황에서도 의연하지만, 소인은 막다른 골목에 몰리면 선악을 구별하지도 못한다.

子張問行자장문행.
子曰자왈: 言忠信언충신, 行篤敬행독경,
雖蠻貊之邦수만맥지방, 行矣행의.
言不忠信언불충신, 行不篤敬행불독경,
雖州里수주리, 行乎哉행호재?
立則見其參於前也입즉견기참어전야,
在輿則見其倚於衡也재여즉견기의어형야,
夫然後行부연후행. 子張書諸紳자장서제신.

공자가 말했다. 말이 진실되고 행동이 미더우면 오랑캐 땅에서도 행해지게 될 것이다.

자장子張이 어떻게 하면 자신의 생각을 실천할 수 있는지 물었다.

제15편 위령공衛靈公

하지만 말이 진실하지 않고 행동이 미덥지 않으면 고향에서도 통하지 않을 것이다.

서 있을 때는 그 말이 눈앞에 있는 듯 어른거리고, 수레에 타고 있을 때는 그 글자가 수레 앞 횡목에 붙어 있는 듯 깊이깊이 명심해야 한다.

이렇게 한 후라야 자신의 생각이 막힘없이 통할 수 있게 된다. 자장은 이 말을 허리띠에 적어두었다.

子貢問爲仁자공문위인.
子曰자왈: 工欲善其事공욕선기사,
必先利其器필선리기기.
居是邦也거시방야,
事其大夫之賢者사기대부지현자,
友其士之仁者우기사지인자.

자공이 어떻게 하면 '인'을 실천할 수 있는지 물었다.

공자가 말했다. 장인이 물건을 정교하게 만들려면, 먼저 연장을 잘 갈아두어야 한다.

어느 나라에서 벼슬살이를 하게 되면 그 나라의 대부 가운데 현자를 따르고, 어진 동료를 벗으로 사귀어야 한다.

제15편 위령공衛靈公

顔淵問爲邦안연문위방.
子曰자왈:
行夏之時행하지시, 乘殷之輅승은지로,
服周之冕복주지면, 樂則韶舞악즉소무.
放鄭聲방정성, 遠佞人원녕인.
鄭聲淫정성음, 佞人殆녕인태.

안연이 나라를 어떻게 다스리면 좋을지 물었다. 공자가 말했다. 하나라의 역법을 따르고, 상나라의 수레를 타고, 주나라의 의관을 쓰고, 음악은 순임금 때 만든 소韶와 주나라 무왕 때의 무舞를 써야 한다.

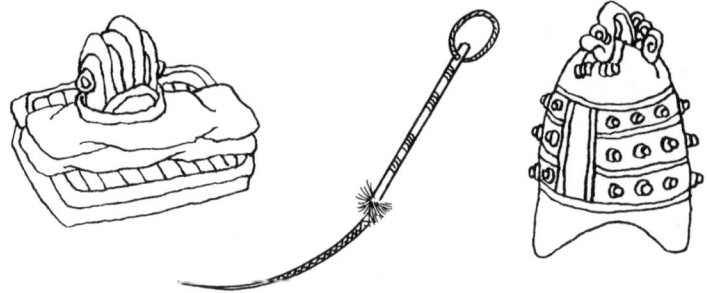

정나라의 음악을 버리고, 감언이설하는 소인배들을 멀리하라. 정나라 음악은 상스럽고, 말솜씨만 번지르르한 소인은 음험하다.

하나라 역법: 사계절의 자연변화에 맞도록 음력 정월을 1월로 정하였으며, 현재에 이르기까지 사용되고 있다.

상나라 수레: '노'輅는 상나라 시대의 대형 수레로, 장식이 거의 없는 질박함과 실용성이 특징이다.

소韶, 무舞: '소'는 순임금 시대의 음악, '무'는 주나라 무왕 시대의 음악이다.

子曰자왈:
人無遠慮인무원려, 必有近憂필유근우.
子曰자왈:
臧文仲其竊位者與장문중기절위자여!
知柳下惠之賢而不與立也지류하혜지현이불여립야.

공자

공자가 말했다. 멀리 앞을 내다보면서 행동해야 한다.

그렇지 않으면 생각지도 못한 차질이 생기고 만다

공자가 말했다. 장문중은 벼슬 자리에 오를 자격이 없는 사람인 것 같다.

장문중

유하혜가 재덕을 겸비한 사람이라는 것을 알면서도 그를 등용하지 않았다.

유하혜

子曰자왈:
不曰如之何불왈여지하, 如之何者여지하자,
吾末如之何也已矣오말여지하야이의.
子曰자왈:
群居終日군거종일, 言不及義언불급의,
好行小慧호행소혜, 難矣哉난의재!

공자가 말했다. 어떻게 하면 좋을지 물어오지 않는 사람은 나도 어쩔 도리가 없다.

공자가 말했다. 하루종일 모여서 말도 안 되는 소리를 늘어놓고 잔재주 부리기나 좋아한다면 도리를 깨우치기 어렵다.

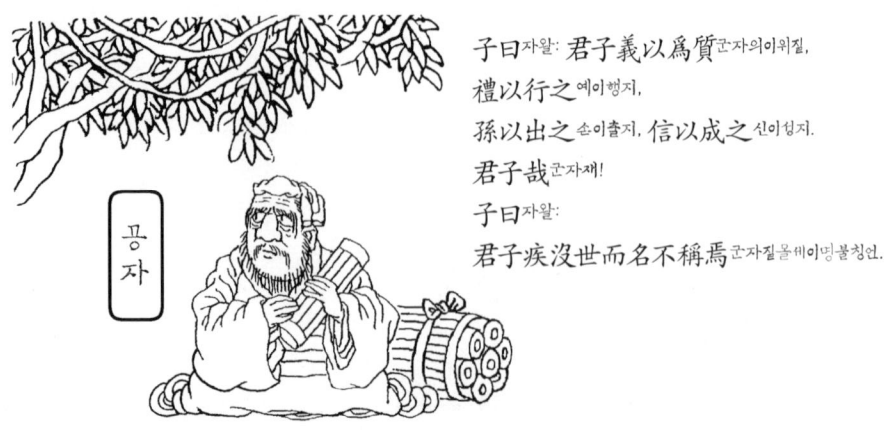

子曰자왈: 君子義以爲質군자의이위질,
禮以行之예이행지,
孫以出之손이출지. 信以成之신이성지.
君子哉군자재!
子曰자왈:
君子疾沒世而名不稱焉군자질몰세이명불칭언.

공자

공자가 말했다. 군자는 정의를 근본으로 삼고, 예의를 갖춰 행동하고, 겸손한 언어로 표현하고, 진지한 태도로 맡은 일을 마무리해야 한다. 그렇게 한다면 군자라 할 수 있다.

공자가 말했다. 군자는 죽고 나서 자신의 업적에 대한 평판을 얻지 못할까 두려워해야 한다.

子曰^{자왈}:
君子求諸己^{군자구저기},
小人求諸人^{소인구저인}.
子曰^{자왈}:
君子矜而不爭^{군자긍이부쟁},
群而不黨^{군이부당}.

공자가 말했다. 군자는 잘잘못의 원인을 자기 자신에게서 찾는다.

소인은 남의 탓으로 돌린다.

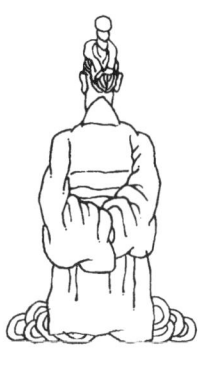

공자가 말했다. 군자는 정중하고 진중한 태도를 지켜 남과 다투지 않으며, 사람들과 어울리되 파벌을 형성하지 않는다.

子曰자왈:
君子不以言擧人군자불이언거인,
不以人廢言불이인폐언.
子貢問曰자공문왈:
有一言而可以終身行之者乎유일언이가이종신행지자호?
子曰자왈: 其恕乎기서호!
己所不欲기소불욕, 勿施於人물시어인.

공자가 말했다. 군자는 말하는 것만 보고 사람을 등용해 쓰지는 않는다.	과실이 있는 사람의 말이라도 무시하지 않는다.

자공이 물었다. 평생토록 받들 가치가 있는 한마디 말이 있겠습니까?	공자가 말했다. 그건 바로 '서'恕(배려)다. 자신이 원하지 않는 일은 다른 사람에게 강요해서도 안된다.

子曰자왈:
巧言亂德교언난덕.
小不忍소불인, 則亂大謀즉란대모.
子曰자왈:
衆惡之중오지, 必察焉필찰언;
衆好之중호지, 必察焉필찰언.

공자가 말했다. 그럴듯한 말만 주워섬기는 사람은 도덕적인 문제를 일으킬 수 있다.

작은 일을 참지 못하면 큰 일을 그르치게 된다.

공자가 말했다. 모두가 싫어하는 사람이라도 반드시 자신의 눈으로 살펴보고 판단하라.

모두가 좋아하는 사람이라도 반드시 자신의 눈으로 살펴보고 판단하라.

子曰자왈:
人能弘道인능홍도, 非道弘人비도홍인.
子曰자왈:
過而不改과이불개, 是謂過矣시위과의.
子曰자왈:
吾嘗終日不食오상종일불식,
終夜不寢종야불침,
以思이사, 無益무익, 不如學也불여학야.

공자가 말했다. 사람이 도를 넓히는 것이지, 도가 자연적으로 사람의 품성과 명성을 넓혀주는 것이 아니다.

공자가 말했다. 잘못을 저지르고도 고치지 않는다면, 그보다 더한 잘못이 없다.

공자가 말했다. 내 일찍이 종일토록 먹지 않고 잠도 잊은 채 사색에 빠져보았지만, 결국 얻은 것이 없었다. 공부하는 것만 같지 못하다.

子曰 자왈:
君子謀道不謀食 군자모도불모식.
耕也 경야, 餒在其中矣 뇌재기중의;
學也 학야, 祿在其中矣 녹재기중의.
君子憂道不憂貧 군자우도불우빈.

공자가 말했다. 군자가 추구해야 할 것은 학문이지 의식이 아니다. 	밭을 갈아도 흉년이 들면 굶주림이 그 가운데 있는 법이다. 
학문을 배우면 그 가운데 후일을 기약하는 녹봉이 들어 있다. 	군자가 걱정해야 할 것은 학문이 부족한 것이지 가난이 아니다. 

제15편 위령공衛靈公

子曰자왈:
君子不可小知而可大受也군자불가소지이가대수야,
小人不可大受而可小知也소인불가대수이가소지야.

공자가 말했다. 군자는 작은 일에서 능력이 검증되지 않아도 능히 큰 일을 맡을 수 있다.

소인은 큰 일을 맡기에는 역부족이지만 작은 일에서는 인정을 받을 수 있다.

공자

子曰자왈:
民之於仁也민지어인야,
甚於水火심어수화. 水火수화,
吾見蹈而死者矣오견도이사자의,
未見蹈仁而死者也미견도인이사자야.

공자가 말했다. 백성들에게 물이나 불이 필요한 것보다 더 필요한 것은 인덕이다.

물이나 불은 너무 지나치게 많으면 목숨을 잃을 수 있다.

하지만 인덕을 너무 열심히 실천하다 죽었다는 사람은 보지 못했다.

물水, 불火: 주희가 지은 《사서집주》는 다음과 같이 해석하였다. "사람에게 물과 불은 삶의 필수라서 하루라도 없으면 안된다. 사람에게 인仁 역시 마찬가지다."

제15편 위령공衛靈公

子曰자왈: 當仁不讓於師당인불양어사.
子曰자왈: 君子貞而不諒군자정이불량.
子曰자왈: 有教無類유교무류.
子曰자왈: 道不同도부동,
不相爲謀불상위모.
子曰자왈: 辭達而已矣사달이이의.

공자가 말했다. 인덕을 실천하는 일이라면 스승에게도 양보하지 마라.

공자가 말했다. 군자는 정도를 지키되 하찮은 신의에 얽매이지는 않는다.

공자가 말했다. 나는 사람을 가르치면서 지위며 출생지 등을 가려 차별하지 않는다.

공자가 말했다. 뜻이 다르면 함께 일을 도모하지 않는다.

공자가 말했다. 말은 뜻을 전달할 수 있으면 충분하다. 지나치게 수식할 필요는 없다.

師冕見사면현, 及階급계, 子曰자왈: 階也계야.
及席급석, 子曰자왈: 席也석야.
皆坐개좌, 子告之曰자고지왈:
某在斯모재사, 某在斯모재사.
師冕出사면출, 子張問曰자장문왈:
與師言之道與여사언지도여?
子曰자왈: 然연, 固相師之道也고상사지도야.

악사 사면師冕이 공자를 만나러 왔다. 계단에 이르자 공자가 말했다. 계단입니다.

좌석 앞에서 공자가 말했다. 좌석입니다.

여기 앉으십시오.

모두 자리에 앉자 공자는 여기는 누구, 저기는 누구라고 일일이 소개하였다.

제15편 위령공衛靈公 277

제16편 계씨季氏

孔子曰공자왈:
益者三友익자삼우, 損者三友손자삼우.
友直우직, 友諒우량,
友多聞우다문, 益矣익의.
友便辟우편벽, 友善柔우선유,
友便佞우편녕, 損矣손의.

공자가 말했다. 유익한 벗에 세 부류가 있고, 해로운 벗에 세 부류가 있다. 정직한 사람, 성실한 사람, 견문이 넓은 사람을 벗하면 유익하다.

바르지 않은 길을 가는 이단자, 남의 의견에 영합하는 사람, 말만 그럴듯하게 하는 사람과 사귀면 해롭다.

孔子曰 공자왈: 侍於君子有三愆 시어군자유삼건:
言未及之而言謂之躁 언미급지이언위지조,
言及之而不言謂之隱 언급지이불언위지은,
未見顏色而言謂之瞽 미견안색이언위지고.

공자

공자가 말했다. 군자와 함께 지내면서 범하지 말아야 할 세 가지가 있다. 아직 자신이 나설 자리가 아닌데 앞질러 말하는 것은 경망스럽다.

말을 해야 하는데도 하지 않는 것은 기만하는 것이다.

아, 저…
생각해보겠습니다.

안색을 살피지 않고 불쑥 입을 여는 것은 분별력이 없는 것이다.

孔子曰_{공자왈}:
君子有三戒_{군자유삼계}: 少之時_{소지시},
血氣未定_{혈기미정}, 戒之在色_{계지재색};
及其壯也_{급기장야}, 血氣方剛_{혈기방강},
戒之在鬪_{계지재투}; 及其老也_{급기로야},
血氣旣衰_{혈기기쇠}, 戒之在得_{계지재득}.

공자가 말했다. 군자는 경계해야 할 세 가지가 있다. 	젊을 때는 혈기가 넘치기 쉬우므로 이성을 경계해야 한다. 
장년이 되어서는 혈기가 왕성하므로 싸움을 경계해야 한다. 	노년에 이르러서는 혈기가 쇠약해지니 탐욕을 경계해야 한다. 

제16편 계씨季氏

孔子曰공자왈:
君子有三畏군자유삼외:
畏天命외천명, 畏大人외대인,
畏聖人之言외성인지언.
小人不知天命而不畏也소인부지천명이불외야,
狎大人압대인, 侮聖人之言모성인지언.

공자가 말했다. 군자가 경외해야 할 세 가지가 있다. 먼저 천명天命을 경외해야 한다.

덕이 높은 지도자를 경외해야 한다.

수양을 깊이 쌓은 성인을 경외해야 한다.

孔子曰공자왈:
生而知之者생이지지자, 上也상야;
學而知之者학이지지자, 次也차야;
困而學之곤이학지, 又其次也우기차야;
困而不學곤이불학,
民斯爲下矣민사위하의.

공자가 말했다. 태어나면서부터 사리를 아는 사람이 가장 으뜸이다.

배워서 사리를 아는 사람이 그 다음이다.

힘든 일을 만나서 배우는 사람은 그 다음이다.

어려움을 만나도 배우려 하지 않는 사람이 가장 하급이다. 평범한 장삼이사들이 바로 이런 부류다.

제17편 양화陽貨

陽貨欲見孔子양화욕견공자, 孔子不見공자불견, 歸孔子豚귀공자돈,
孔子時其亡也而往拜之공자시기망야이왕배지, 遇諸塗우저도, 謂孔子曰위공자왈:
來내! 予與爾言여여이언. 曰왈: 懷其寶회기보, 而迷其邦이미기방. 可謂仁乎가위인호?
曰왈: 不可불가. 好從事而亟失時호종사이기실시, 可謂知乎가위지호? 曰왈: 不可불가.
日月逝矣일월서의, 歲不我與세불아여. 孔子曰공자왈: 諾낙. 吾將仕矣오장사의.

공자는 양화가 출타중인 틈을 타 사례하러 갔다.

노나라의 난신 양화陽貨가 공자를 만나고 싶다고 청했으나, 공자는 그를 만나러 가지 않았다. 그러자 양화는 공자에게 삶은 돼지를 선물로 보냈다. 선물을 받은 사람이 선물 보낸 사람을 예방하는 것이 당시의 예법이었기 때문이다.

공교롭게도 두 사람은 길에서 마주쳤다. 양화가 공자에게 말했다. 이리 오시오. 선생과 이야기를 나누고 싶었소. 훌륭한 보물을 썩히면서 나라가 어지러운 것을 그냥 내버려둔다면, 인덕에 맞는 일이라 할 수 있겠소? 물론 아닐 것이오.

정치를 하고 싶으면서도 그 기회를 거듭 놓쳐버린다면, 지혜로운 일이라 할 수 있겠소? 물론 아닐 것이오. 시간은 화살처럼 빠르고, 세월은 기다려주지 않는구려. 공자가 말했다. 알겠소. 나도 관직에 나가도록 하지요.

벼슬길에 나갈 것인지 말 것인지 한 번 생각해보지요.

공자

子之武城자지무성, 聞弦歌之聲문현가지성.
夫子莞爾而笑부자완이이소,
曰왈: 割鷄焉用牛刀할계언용우도?
子游對曰자유대왈:
昔者偃也聞諸夫子曰석자언야문저부자왈:
君子學道則愛人군자학도즉애인,
小人學道則易使也소인학도즉이사야.
子曰자왈: 二三子이삼자! 偃之言是也언지언시야.
前言戲之耳전언희지이.

공자는 자유子游가 수장으로 있던 무성을 방문하였다. 현악기에 맞춰 시를 노래하는 것을 듣고 공자가 웃으며 말했다. 닭을 잡는데 어찌 소 잡는 칼을 쓰는고?

자유가 대답했다. 옛적에 선생님께 듣기로 윗사람이 예악을 배우면 백성을 사랑하게 되고, 백성들이 예악을 배우면 윗사람을 잘 따른다고 하셨습니다.

공자가 말했다. 옳은 소리다. 농담으로 해본 말이다.

제17편 양화陽貨

公山弗擾以費畔공산불요이비반, 召소, 子欲往자욕왕.
子路不說자로불열, 曰왈: 末之也已말지야이,
何必公山氏之之也하필공산씨지지야.
子曰자왈: 夫召我者부소아자, 而豈徒哉이기도재?
如有用我者여유용아자, 吾其爲東周乎오기위동주호?

비費 지방을 근거 삼아 계씨季氏에 반기를 든 공산불요公山弗擾가 공자를 초청하였다.

공자가 말했다. 나를 부른데는 무슨 생각이 있을 것이다. 누군가 나를 중용한다면, 그 나라를 동방의 주나라로 만들어 보이겠다.

자로가 매우 못마땅해하며 말했다. 아무리 갈 곳이 없어도 공산씨에게 갈 것까지야 있습니까?

공자

子曰자왈:
小子何莫學夫詩소자하막학부시?
詩시, 可以興가이흥, 可以觀가이관,
可以群가이군, 可以怨가이원;
邇之事父이지사부, 遠之事君원지사군;
多識於鳥獸草木之名다식어조수초목지명.

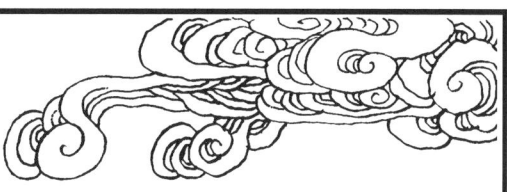

공자가 말했다. 너희는 왜 《시경》을 공부하지 않느냐? 《시경》을 배우면 상상력을 기를 수 있고, 관찰력이 좋아지고, 감정을 표현하는 능력이 향상되어 불평불만도 토로할 수 있다.

그 이치를 본받아 가까이는 부모를, 멀리는 군주를 잘 섬길 수 있고, 초목이며 새와 짐승의 이름도 널리 알게 된다.

제17편 양화陽貨

子曰자왈:
色厲而內荏색려이내임,
譬諸小人비저소인,
其猶穿窬之盜也與기유천유지도야여?
子曰자왈:
道聽而塗說도청이도설,
德之棄也덕지기야.

공자가 말했다. 겉으로는 강하고 위엄 있는 척해도 내심 겁 많고 허약한 사람은 소인에 비유할 수 있다. 구멍을 파고 담이나 넘는 좀도둑과 같다.

공자가 말했다. 길에서 주워들은 이야기를 확인하지도 않고 퍼뜨리는 사람이 있다.

도덕적으로 볼 때 당연히 버려야 할 태도다.

子曰자왈:
鄙夫可與事君也與哉비부가여사군야여재?
其未得之也기미득지야, 患得之환득지.
既得之기득지, 患失之환실지.
苟患失之구환실지,
無所不至矣무소부지의.

공자

공자가 말했다. 비열한 인간과 동료로서 함께 일할 수 있을까?

그런 사람은 원하는 것이 있으면 손에 넣으려고 필사적으로 행동한다.

원하는 것을 손에 넣은 다음에는 잃어버리지 않으려고 필사적이다.

손에 넣은 것을 행여 놓칠세라 무엇이든 저지를 수 있는 사람이다.

제17편 양화陽貨

子曰자왈: 予欲無言여욕무언.
子貢曰자공왈: 子如不言자여불언,
則小子何述焉즉소자하술언?
子曰자왈: 天何言哉천하언재?
四時行焉사시행언, 百物生焉백물생언,
天何言哉천하언재?

공자가 말했다. 나는 이제 더 이상 아무 말도 하지 않을 생각이다.

공자

자공이 말했다. 선생님께서 말씀을 하지 않으시면 저희들이 후학들에게 무슨 말을 전하겠습니까?

자공

공자가 말했다. 하늘이 무슨 말을 하더냐? 아무 말이 없어도 사계절이 막힘 없이 운행되고, 만물은 변함 없이 생장한다. 굳이 하늘에 말이 필요할까?

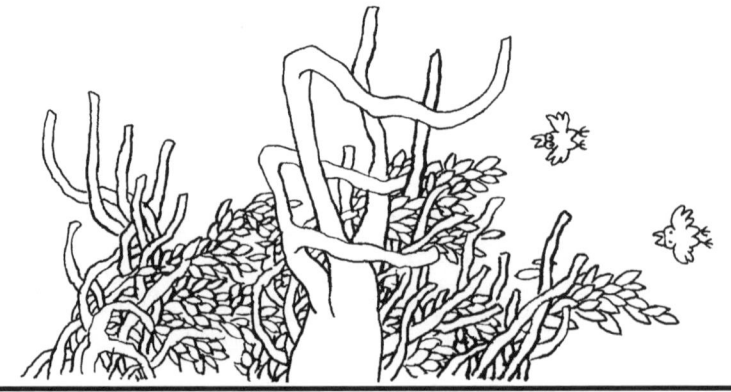

孺悲欲見孔子유비욕견공자,
孔子辭以疾공자사이질.
將命者出戶장명자출호,
取瑟而歌취슬이가,
使之聞之사지문지.

유비孺悲는 자신이 공자의 노여움을 산 줄을 모르고 있었다. 유비가 공자를 만나러 찾아왔으나, 공자는 병을 핑계삼아 만나기를 거절하였다

내가 몸이 안 좋다고 전해라.

분부를 받은 사람이 방에서 나가자마자 공자는 슬을 연주하며 노래부르기 시작했다. 유비는 공자의 행동을 통해 자신의 잘못을 반성하게 되었다.

子曰자왈:
飽食終日無所用心포식종일무소용심,
難矣哉난의재!
不有博奕者乎불유박혁자호?
爲之猶賢乎已위지유현호이.

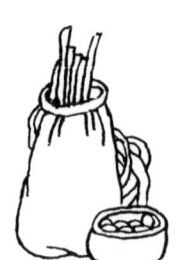

공자가 말했다. 하루종일 배불리 먹으면서 아무것도 하지 않는 사람은 참으로 딱하다.

오늘은 초하루, 내일은 초이틀, 모레는 초삼일…

주사위 게임이나 바둑, 장기를 두며 놀더라도 아무것도 하지 않는 것보다는 나을 것이다.

제18편 미자微子

微子去之미자거지,
箕子爲之奴기자위지노,
比干諫而死비간간이사.
孔子曰공자왈: 殷有三仁焉은유삼인언.

상나라 주왕이 포악무도해지자 미자微子는 그의 곁을 떠났고, 기자箕子는 미친 척하며 노예가 되고, 비간比干은 간언하다 죽임을 당했다. 공자가 말했다. 상나라 말기에 세 사람의 인자가 있었다.

미자微子: 미자계微子啓. 주왕과 어머니가 같은 형이다. 제을帝乙의 첩실이었던 어머니가 나중에 정실이 되어 주紂를 낳았기 때문에 주가 왕위를 계승하였다. 기자와 비간은 모두 주왕의 숙부이다.

柳下惠爲士師유하혜위사사, 三黜삼출.
人曰인왈: 子未可以去乎자미가이거호?
曰왈: 直道而事人직도이사인, 焉往而不三黜언왕이불삼출?
枉道而事人왕도이사인, 何必去父母之邦하필거부모지방?

유하혜柳下惠는 노나라의 사법 책임자였지만 세 번이나 해임을 당했다.

어느 사람이 말했다. 당신은 이 나라를 떠날 수 없는 겁니까?

유하혜가 말했다. 정직하게 일하다 보면 어디선들 파면되지 않겠습니까?

원칙대로 일하지 않을 작정이라면 구태여 자기 나라를 떠날 필요가 없겠지요.

楚狂接輿歌而過孔子曰 초광접여가이과공자왈: 鳳兮鳳兮 봉혜봉혜!
何德之衰 하덕지쇠? 往者不可諫 왕자불가간, 來者猶可追 내자유가추.
已而已而 이이이이! 今之從政者殆而 금지종정자태이!
孔子下 공자하, 欲與之言 욕여지언.
趨而辟之 추이피지. 不得與之言 부득여지언.

초나라의 광인狂人 접여接輿가 노래를 부르며 공자가 타고 있는 수레 곁을 지나갔다.
봉황이여, 봉황이여! 네 모습 왜 이리도 애처로운가?

제18편 미자微子

長沮장저, 桀溺耦而耕걸익우이경, 孔子過之공자과지, 使子路問津焉사자로문진언.
長沮曰장저왈: 夫執輿者爲誰부집여자위수? 子路曰자로왈: 爲孔丘위공구.
曰왈: 是魯孔丘與시로공구여? 曰왈: 是也시야. 曰왈: 是知津矣시지진의.
問於桀溺문이걸익. 桀溺曰걸익왈: 子爲誰?자위수 曰왈: 爲仲由위중유.
曰왈: 是魯孔丘之徒與시로공구지도여? 對曰대왈: 然연. 曰왈: 滔滔者도도자,
天下皆是也천하개시야, 而誰以易之이수이역지? 且而與其從辟人之士也차이여기종피인지사야,
豈若從辟世之士哉기약종피세지사재? 耰而不輟우이불철. 子路行以告자로행이고.
夫子憮然曰부자무연왈: 鳥獸不可與同群조수불가여동군, 吾非斯人之徒
與而誰與오비사인지도여이수여? 天下有道천하유도, 丘不與易也구불여역야.

장저長沮와 걸익桀溺이 밭일하는 곳을 공자가 지나가게 되었다. 공자가 자로를 보내 나루터가 어디인지 알아보게 했다.

제18편 미자微子

장저가 말했다. 저기 고삐를 잡고 있는 사람은 누구요? 자로가 말했다. 공구孔丘입니다. 노나라의 공구 말인가? 장저의 말에 자로가 대답했다. 그렇습니다. 장저가 말했다. 그럼 나루터가 어디 있는지 알고 있을 거요.

자로가 이번에는 걸익에게 다가가 물었다. 걸익이 말했다. 당신은 누구요? 자로가 대답했다. 중유입니다. 노나라 공구의 제자 말인가? 걸익의 말에 자로가 대답했다. 그렇습니다.

걸익이 말했다. 세상을 살아가는 도의가 쇠락하고, 예악이 무너지고, 사리사욕이 홍수처럼 범람하고 있소. 세상이 이런데 당신들은 누구와 함께 이를 바꾸겠다는 것이오?

악인을 피한다며 이곳저곳 떠도는 인사를 따르느니, 이런 속된 세상을 버리고 은거한 우리를 따르는 것이 어떻겠는가? 말을 마친 걸익은 씨를 뿌리고 흙으로 덮어주는 일을 멈추지 않았다.

걸익

자로가 돌아와 공자에게 자초지종을 전하자 공자가 낙담하며 말했다. 사람이 날짐승, 들짐승과 함께 무리를 지어 살 수는 없다. 세상사람들과 함께하지 않고 누구와 함께 살겠느냐?

천하가 태평하다면 나도 사람들과 힘을 합쳐 이런 세상을 바꾸려고 하지 않았을 것이다.

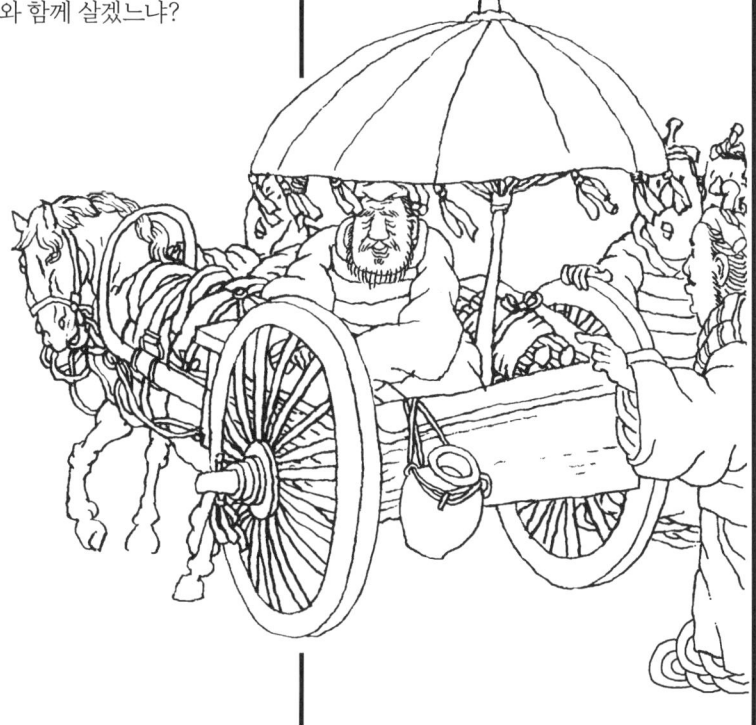

제18편 미자微子

子路從而後자로종이후, 遇丈人우장인, 以杖荷蓧이장하조. 子路問曰자로문왈:
子見夫子乎자견부자호? 丈人曰장인왈: 四體不勤사체불근, 五穀不分오곡불분,
孰爲夫子숙위부자? 植其杖而芸식기장이운. 子路拱而立자로공이립.
止子路宿지자로숙, 殺鷄爲黍而食之살계위서이사지, 見其二子焉현기이자언.
明日명일, 子路行以告자로행이고. 子曰자왈: 隱者也은자야.
使子路反見之사자로반견지. 至則行矣지즉행의.
子路曰자로왈: 不仕無義불사무의. 長幼之節장유지절, 不可廢也불가폐야;
君臣之義군신지의, 如之何其廢之여지하기폐지? 欲潔其身욕결기신,
而亂大倫이란대륜. 君子之仕也군자지사야, 行其義也행기의야;
道之不行도지불행, 已知之矣이지지의.

자로가 공자를 수행하다가 뒤쳐졌다. 그때 지팡이에 대바구니를 매달아 어깨에 둘러맨 한 노인을 만났다.

자로

자로가 노인에게 물었다. 우리 선생님을 못 보셨습니까? 노인이 말했다. 사지를 움직여 일해본 적이 없고 오곡五穀을 분간할 줄도 모르는데, 무슨 선생이란 말인가?

오곡도 분간 못하는데 무슨 선생인가?

말을 마친 노인은 지팡이를 내려놓고 풀을 뽑기 시작했다. 자로가 두 손을 모으고 노인에게 경의를 표했다.

그날 저녁 노인은 자로를 집으로 데려가 하룻밤 묵게 하였다. 닭요리에 기장밥을 대접하고 두 아들을 인사시켰다.

다음날 자로는 공자를 뒤쫓아가 이 사실을 전했다. 공자가 말했다. 그 사람은 은자로구나. 그리고 돌아가서 노인을 한번 더 만나고 오라고 분부했다.

참으로 은자로다.

자로가 그곳에 도착했을 때 노인은 이미 그곳을 떠나 행방을 알 길이 없었다.

자로가 말했다. 벼슬하지 않는 것이 의로운 일은 아니다. 어른과 아이 사이의 예절을 없앨 수 없듯이, 임금과 신하 사이의 관계도 없앨 수 없다. 자기 한몸을 깨끗이 하려고 중대한 도리를 어지럽혀서는 안된다.

군자가 나서서 정치에 참여하는 것은 도의적으로 마땅한 일이다. 다만 우리의 정치적 주장이 바로 실현되지 않으리라는 것은 이미 잘 알고 있다.

周公謂魯公曰 주공위노공왈:
君子不施其親 군자불시기친,
不使大臣怨乎不以 불사대신원호불이.
故舊無大故 고구무대고,
則不棄也 즉불기야.
無求備於一人 무구비어일인.

주공周公이 자신의 아들 노공魯公에게 말했다. 군자는 친족을 소홀히 해서는 안된다. 그리고 대신들 사이에서 자신이 중용되지 않았다는 불만이 돌지 않도록 해야 한다.

큰 잘못이 없는 한 옛 벗을 버리지 마라.

완전무결한 사람을 바라지 마라.

제19편 자장子張

子張曰자장왈:
執德不弘집덕불홍, 信道不篤신도부독,
焉能爲有언능위유? 焉能爲亡언능위망?
子夏曰자하왈:
雖小道수소도, 必有可觀者焉필유가관자언,
致遠恐泥치원공니,
是以君子不爲也시이군자불위야.

자장이 말했다. 덕을 실천하기 위해 노력하지 않고 도에 대한 신념이 확고하지 않으면, 그런 사람은 없어도 그만이다.

자장

자하가 말했다. 보잘 것 없는 작은 기예라 해도 반드시 취할 점이 있을 것이다. 하지만 원대한 포부를 실현하는 데 방해가 될 수 있기 때문에 군자는 건드리지 않는다.

자하

子夏曰 자하왈:
君子信而後勞其民 군자신이후로기민;
未信 미신, 則以爲厲己也 즉이위려기야.
信而後諫 신이후간;
未信 미신, 則以爲謗己也 즉이위방기야.

자하

자하가 말했다. 분별 있는 사람은 먼저 백성들의 신뢰를 얻은 후에야 부역을 부과한다.

신뢰를 얻지 못한 채 일을 시키면 백성들은 자신들을 학대한다고 여길 것이다.

군주에게 간언할 때는 먼저 신임을 얻은 다음에 하는 게 좋다.

그렇지 않으면 군주는 자신을 비방한다고 생각할 것이다.

제19편 자장子張

孟氏使陽膚爲士師_{맹씨사양부위사사,}
問於曾子_{문어증자:}
曾子曰_{증자왈:}
上失其道_{상실기도,} 民散久矣_{민산구의!}
如得其情_{여득기정,}
則哀矜而勿喜_{즉애긍이물희.}

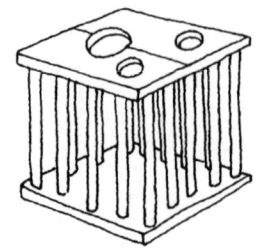

맹씨孟氏가 증자의 제자 양부陽膚를 형벌을 다루는 관리로 임명하니, 양부가 증자에게 가르침을 청했다.

양부

증자가 말했다. 권력자가 정도를 벗어난 까닭에 민심이 갈피를 잡지 못하고 흩어진 지 오래되었다.

증자

그러니 죄인의 잘못을 알아냈다 하더라도 연민의 마음을 가져야 한다.

결코 기뻐해서는 안될 것이다.

제가 범인입니다.

양부

子貢曰 자공왈:
紂之不善 주지불선,
不如是之甚也 불여시지심야.
是以君子惡居下流 시이군자오거하류,
天下之惡皆歸焉 천하지악개귀언.

자공이 말했다. 상나라 주왕의 악행은 사실 지금 전해지는 것처럼 심한 것은 아니었다.

군자는 수동적인 위치에 놓이는 것을 두려워해야 한다.

모든 사람이 큰 소리로 비방하는 상황에 처하게 되면, 세상의 온갖 악명이 그의 머리 위로 떨어지게 된다.

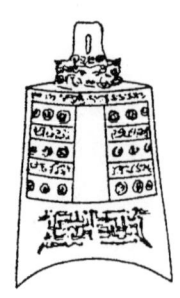

叔孫武叔毀仲尼숙손무숙훼중니.
子貢曰자공왈: 無以爲也무이위야! 仲尼不可毀也중니불가훼야.
他人之賢者타인지현자, 丘陵也구릉야, 猶可踰也유가유야;
仲尼중니, 日月也일월야, 無得而踰焉무득이유언.
人雖欲自絶인수욕자절, 其何傷於日月乎기하상어일월호?
多見其不知量也다견기부지량야.

숙손무숙(叔孫武叔)이 공자를 헐뜯었다.

공자는 아직 어린애야.

자공이 말했다. 그러지 마십시오! 공자는 헐뜯을 수 없는 사람입니다.

자공

세상에서 현자라고 하는 사람들은 언덕과 같아서 아직은 뛰어넘을 수 있습니다.

후기: 논어論語와 윤어輪語

앞에서 설명했듯이, 《논어》의 '논'論은 공자와 제자들의 언행을 기록한 책이라는 의미다. 이런 이유에서 《논어》의 '논'은 발음이 '논'論(lùn)이어야 한다.

그런데 사람들은 '윤'輪(lún)이라고 읽는다. 이는 오랜 세월에 걸쳐 형성된 잘못된 발음일까, 아니면 본래의 의미에 충실한 표준발음일까?

남조 양나라의 황간皇侃은 《논어의소》에서 이 질문에 정확한 답을 제시하고 있다. 황간이 말했다. "음을 취해 '윤'輪으로 해석하면, 이 책의 의의는 세상의 오묘한 도리와 고금의 경륜을 담아내 진나라 말에 이르기까지 바퀴고리처럼 이어져온 것이다." '논'論에서 파생된 '윤'輪에 비유하자면, 《논어》는 "그 의미가 완벽하고 모든 것을 균형있게 아우르는 수레바퀴와 같다." 마치 큰 길을 따라 움직이는 수레바퀴를 보는 듯하다.

옛 한자의 세계에서 '논'論은 '윤'倫과도 통한다. 황간은 이어서 말했다. "'윤'倫은 '이'理다. 《논어》 속에는 만고의 이치가 담겨 있다." 《논어》의 '논'論과 '윤'倫이 통하고 '윤'倫은 '이'理로 확장된다면, '이'理는 과연 무엇을 가리키는 것인가?

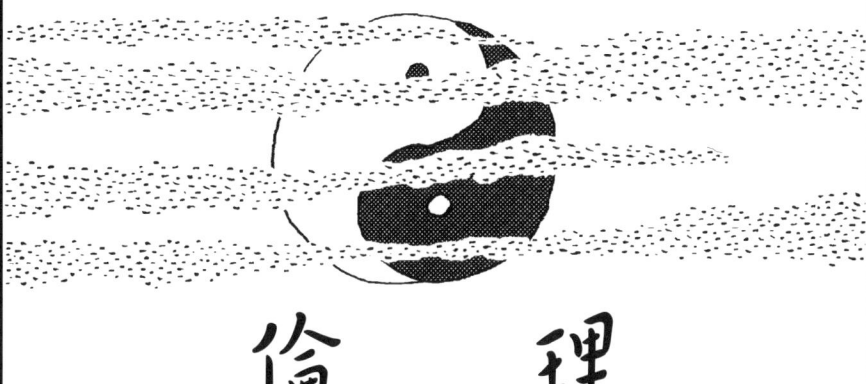

倫　　　理

'이'가 자연법칙, 사물의 법칙을 가리키는 것은 의심의 여지가 없다. 이러한 자연법칙과 사물의 법칙을 구현하고 있는 것은 《주역》이다. 《주역》은 공자는 물론 제자백가 모두가 공유하던 논리 및 추리 체계이다.

《논어》는 공자가 강조한 '인'仁과 '예'禮를 핵심으로 형이상학적 근거를 찾고, 정치와 윤리상의 정당성을 획득하려 한다.

仁
禮

따라서 '논어'라는 두 글자는 이러한 논리체계에 입각한 '간결하면서 심오한 말'로 이해할 수 있다. 공자의 제자들은 한편으로는 '윤어'倫語라는 표현을 빌어 유가학설의 권위를 드러내고 싶어했다.

또한 '윤어'倫語는 다음과 같은 의미를 암시한다. 《논어》의 한마디 한마디는 수레바퀴의 부품과 같다. 사람들이 깊이 살펴볼 수만 있다면, 바퀴는 물론 수레 전체를 만져볼 수 있다. 그런 다음 수레에 올라 인생길을 달리고, 나아가 온 인류가 함께 새로운 수양의 길을 걷게 된다.

옮긴이의 말

공자는 석가모니, 예수와 더불어 세계 3대 성인의 한 사람으로 꼽힌다. 공자가 살았던 춘추시대 말기는 나라와 나라, 사람과 사람이 서로 속고 속이는 어지러운 세상이었다. 공자는 난세를 평화로운 세상으로 만들기 위해 온 힘을 다했다.

그는 세상이 어지러운 것은 성인이 다스리던 고대의 예악제도가 무너졌기 때문이라고 생각했다. 만물이 서로 어울려 조화를 이루듯이 사람들이 각자에 알맞은 직분을 갖고 남을 배려하게 되면 세상을 바로잡고 도탄에 빠진 민중을 구제할 수 있으리라는 믿음을 가졌다. 공자는 초월적 세계관에 빠지지 않았다. 그는 '덕'으로 민중을 교화하고 '덕치'라는 경영철학으로 현실세계를 바꾸려 한 이상주의자였다.

공자의 일생에서 가장 드라마틱한 부분은 50대 중반부터 14년간에 걸친 망명 생활일 것이다. 목숨을 위협 받고 며칠씩 끼니조차 잇지 못하는 힘든 생활 속에서도 그는 희망의 끈을 놓지 않았다. 《논어》에는 힘든 여정 속에서 생사고락을 함께한 공자와 제자들의 모습이 생생히 담겨 있다. 그런 예사롭지 않은 사제관계가 있었기에 공자의 가르침이 후대에 이어질 수 있었다.

《논어》로 대표되는 유가사상은 지금도 우리의 삶에 큰 영향을 끼치고 있다. 《만화 논어》는 생동감있는 그림으로 공자와 제자들의 모습을 사실적으로 재현한 책이다. 복원된 공자의 모습은 아주 유머러스하고 인간적이다. 누구라도 부담없이 동양 전통문화의 중심 줄기이자 인류문명에 큰 영향을 끼친 공자의 사상 속으로 시간여행을 떠날 수 있을 것이다.

만화로 읽는 고전 2
《만화 논어》

2021년 8월 10일 초판 1쇄 펴냄
2025년 7월 10일 초판 2쇄 펴냄

지은이　　저우춘차이
옮긴이　　김해경
펴낸이　　이상
펴낸곳　　가갸날
주소　　　경기도 고양시 일산동구 강선로 49 BYC 402호
전화　　　070.8806.4062
팩스　　　0303.3443.4062
이메일　　gagyapub@naver.com
블로그　　blog.naver.com/gagyapub
페이지　　www.facebook.com/gagyapub
디자인　　강소이

ISBN　　 979-11-87949-55-8　07140
　　　　　979-11-87949-53-4　07140(세트)